Empreendedor ou Executivo?

Quem nasceu pra quê?

Apoio:

MAN

DIAGEO

Empreendedor ou Executivo?

Quem nasceu pra quê?

Uma análise ampla e bem-humorada
das vantagens e desvantagens
dos dois lados do negócio

Francisco Britto

Da Boa Prosa

Capa e ilustrações: Wladimir Cardoso
Preparação: Maria Teresa Marques
Revisão: Lucia Ferreira

Da Boa Prosa

Alguns tem algo a dizer,
outros a vontade de saber

um selo da Livros de Safra
www.livrosdesafra.com.br
fone: 11 3081-2510

Dados internacionais de Catalogação na Publicação (CPI)
Câmara do Livro, SP, Brasil

Britto, Francisco Empreendedor ou executuro? : quem nasceu pra que? : uma análise ampla e bem humorada das vantagens e desvantagens, dos dois lados do negócio / Francisco Britto. - São Paulo : Editora Da Boa Prosa, 2010

ISBN 978 85 62 32805 3

1. Carreira profissional - Administração
2. Empreendedores 3. Executivos 4. Sucesso em negócios I. Título.

10-01887 CDD-658.40092

Índices para catálogo sistemático:

1	Empreendedores e executivos : Administração	658.40092
2	Executivos e empreendedores : Administração	658.40092

agradecimentos

Ao Conselho Editorial, formado por Marcelo Candido de Melo, Antônio Machado de Barros e Ana Paula Ignácio, pela efetiva contribuição, auxiliando na compreensão do tema e na seleção dos casos.

Aos meus sócios Nathan, Renato e Kiko, que "fecharam os olhos" para minha ausência durante os meses de entrevistas e produção de conteúdo.

À minha esposa Liliza e aos meus filhos Kiko e André, que mais uma vez tiveram carinho e paciência comigo durante este período de trabalho.

Meu muito obrigado a todos aqueles que, direta ou indiretamente, facilitaram a realização desta obra: secretárias, assistentes e assessores, que entenderam a importância dos pleitos e procuraram atendê-los da melhor maneira possível.

Aos personagens do livro que aceitaram dividir seus conhecimentos com todos por meio das páginas deste livro, pois sem eles esta obra não teria a menor razão de ser.

Ao ministro Miguel Jorge que, em meio a uma agenda constantemente atribulada, conseguiu arrumar tempo para escrever o prefácio deste livro.

Ao amigo e artista plástico Wladimir Cardoso, pelo carinho com o qual criou a capa e as ilustrações do livro

Aos amigos da Volkswagen Caminhões – Roberto, Sallatini, Marcos e Ângela – e aos da Diageo – Randy, Ed e Tânia –, que tornaram possível este projeto.

Aos mestres Marabô e Eduardo, pela orientação, motivação e tranquilidade que me deram durante a produção do livro.

sumário

prefácio

Quando fui convidado pelo Chico para fazer este prefácio, parei para refletir por quantas vezes já havia, eu mesmo, me surpreendido com esta questão. Daí, pensei em colegas e amigos – ao longo de minha vida pessoal e profissional – já tinham vindo se aconselhar comigo sobre esse mesmo tema. Como pai de três filhos – Daniela, Michelle e Tiago – já havia me deparado algumas vezes com essas mesmas questões na minha própria família.

Fruto desse simples exercício pessoal, para mim ficou bastante fácil enxergar a grandiosidade do tema e sua importância na vida de todos. Afinal, realizar-se, profissionalmente, é ao mesmo tempo muito importante e muito difícil.

No meu caso, as dúvidas e questões foram muito mais no caminho da vida executiva e corporativa. Porém, algumas vezes fui também tentado pelo caminho empreendedor. Daí, para atender às minhas angústias e ansiedades, resolvi ser o que chamaria de um "executivo empreendedor".

Em 1963, comecei minha carreira no jornalismo, na sucursal do *Jornal do Brasil*, em São Paulo. Dois anos depois, fui convidado a fazer parte do grupo de pessoas que fundou o *Jornal da Tarde*, uma total inovação em jornalismo, para sua época. Nesse período, toda a equipe envolvida no projeto vivia – pelo seu próprio ineditismo – um misto de empreendedores e executivos. Em 1977, migrei para *O Estado de São Paulo*, onde fui chefe de redação até 1987. No Estadão – à época uma empresa de gestão totalmente familiar – pelo cargo que ocupava e também pelo relacionamento com acionistas, meu papel recorrentemente se misturava ao de empreendedor. Quando de lá saí, fui para um desafio inusitado, e até certo ponto questionado por amigos que acompanhavam minha carreira jornalística: assumir a área de assuntos corporativos da Autolatina – empresa fruto da junção da VW com a Ford. Uma nova empresa, fusionando fortes culturas, onde mais uma vez todos éramos um pouco empreendedores e um pouco executivos.

Com a separação das empresas, em 1995, passei a vice-presidente de assuntos legais, recursos humanos e assuntos corporativos da Volkswagen, cargo que ocupei até janeiro de 2001, quando aceitei um novo desafio: o Banco Santander.

No banco, assumi praticamente o mesmo cargo, vice-presidente de assuntos corporativos, função à qual se incorporavam as áreas de recursos humanos e assuntos jurídicos.

Um banco estrangeiro, assumindo importantes operações nacionais, onde mais uma vez, ora éramos um pouco empreendedores nacionais, ora éramos executivos internacionais.

Em março de 2007, a convite do presidente Lula, assumi o Ministério do Desenvolvimento, Indústria e Comércio Exterior, em substituição a Luiz Fernando Furlan. Hoje, vejo que talvez não exista uma pasta mais próxima – simultaneamente – do empreendedor e do executivo do que esta.

Enfim, acho que, com base nisso tudo, posso garantir que toda e qualquer contribuição para o esclarecimento dessa questão – empreendedor/executivo – é bem-vinda. Nosso país é um grande celeiro de talentos, tanto no mundo corporativo como no empreendedor.

A forma como o livro trata do tema – sem a pretensão de encerrar o assunto, mas sim de despertar e aguçar a discussão com base em vivências e experiências diversificadas – me parece muito rica e produtiva.

Recomendo a leitura para quem está começando, no meio ou mesmo revisitando seu caminho pessoal e profissional, não importando idade ou área de atuação.

A cada dia mais, tenho certeza de que quem faz o que realmente gosta o faz da melhor maneira possível.

Desejo a todos uma excelente leitura. Espero que encontrem neste livro, ideias e caminhos para que sejam mais produtivos e felizes. E, que assim, ajudem a construir um Brasil ainda melhor.

Miguel Jorge

Ministro do Desenvolvimento, Indústria e Comércio Exterior

introdução

Recentemente fiz 51 anos e, como dizem que o "renascer" (aniversário) propicia um profundo ato de repensar, acordei no dia 10 de outubro com muita vontade de escrever sobre um tema que me encanta e ao mesmo tempo me atormenta há muito tempo: ser executivo ou empreender? Não que eu tenha acordado pirado, saltado da cama descabelado, pego o meu Mac e começado a escrever instantânea e alucinadamente. Nada disso! Não tive também nenhuma influência do além ou mesmo dos astros. Ocorre que já escrevi – em coautoria com Luiz Wever – um livro[1] sobre a carreira de 25 executivos e outros dois[2] sobre casos de empreendedores brasileiros. Todos de sucesso (eles e os livros, graças a Deus) e bem resolvidos em suas posições e decisões.

Aí parei para pensar! No auge dos meus 51 anos, já tendo ocupado diversas posições executivas em empresas nacionais e internacionais e também passado por algumas experiências empreendedoras, ainda não concluí o que mais me encanta: ser um executivo bacana ou empreendedor de raça. Duro né?

Um universo rico em personagens, que nos oferece variáveis do empreendedor que vira executivo e do executivo que se torna empreendedor. E daquele executivo que toca sua empresa com cabeça de empreendedor, ou mesmo o empreendedor que se transforma no verdadeiro executivo de seu negócio. E, em todos, também encontramos um sem número de casos de sucesso e histórias inspiradoras.

Parece que à medida que o tempo passa, ao invés de essa minha "Síndrome de Clube Med" melhorar, ela sempre piora. Chamo de

1 - Francisco Britto e Luiz Wever, *Vivendo, aprendendo e ensinando* (Negócio Editora- 2001)

2 - Francisco Britto e Luiz Wever, *Empreendedores brasileiros I e II* – (Negócio Editora 2002-2004)

"Síndrome de Clube Med" em homenagem ao meu amigo Oscar Guerra, um "marketeiro" de primeira linha que tem como tese que o Clube Med é um lugar que você escolhe, paga caro por isso e nunca fica completamente satisfeito. Se vai para o arco e flecha, perde a piscina. Se vai para a piscina, perde o vôlei. Se almoça tarde, perde o acarajé quentinho. Ou seja: não importa o se que faça, a sensação de perda e de insatisfação estará sempre presente. Pense nisso em sua próxima viagem.

Frente a um dilema semelhante e imbuído de um enorme prazer em compartilhar experiências boas ou más com o maior número possível de pessoas, resolvi escrever meu quinto livro. Prometo, pessoal: se não for bom, eu juro que paro aqui!

No mesmo instante em que pensei no livro e "embebido" pelas novas tecnologias, redes sociais e tudo mais, peguei o Blackberry e entrei nos sites de relacionamento tipo Facebook, Orkut e Twitter e postei a minha grande dúvida: empreendedor ou executivo? O que é melhor? E a reação não poderia ser outra: em minutos encontrei várias contribuições de pessoas, como eu, totalmente perdidas.

Isso alimentou muito meu ego (e melhorou muito meu sono). Afinal, um enorme contingente de pessoas descoladas, usuárias do que há de mais moderno em termos de comunicação, também padece da mesma dúvida.

Não estou só nesse barco!

O Livro

Como o tema é muito amplo e abre espaço a muitas questões, decidi com a ajuda dos "universitários" pelo caminho de analisá-lo em blocos. Até para ter certeza de que o livro teria um fim, mesmo que não fosse o fim desejado.

Resolvi então trabalhar o conteúdo de uma forma agradável e dividi o tema em seis blocos:

Herança familiar e amigos de infância

A família – digo aquela original: pai, mãe, avós, primos e tudo mais – tem enorme influência tanto na decisão quanto também no sucesso ou insucesso de nossa escolha profissional. Os amigos, principalmente os da infância, também influenciam e contam muito.

Necessidade, oportunidade ou pura vocação

O motivo que nos leva a decidir por um caminho ou outro também é fator decisivo de sucesso ou não. Meu amigo Alexandre Accioly me disse uma vez – durante a entrevista para o livro *Empreendedores Brasileiros I* – que tinha orgulho de nunca ter tido carteira assinada. Mas que o fator "oportunidade" foi decisivo em seu sucesso, isso ninguém discute. Empreendedores e executivos contam como se decidiram e se desenvolveram, com sucesso, em suas áreas de atuação.

Casos e causos

Gente que acertou em cheio. Executivo que empreende. Empreendedor que não deixa de ser um executivo. Gente que é gente! Simples assim.

Memória brasileira

O Brasil é um país cheio de heróis no tocante a empreendedores e executivos. Porém, é também um país de memória curta. Sendo assim, elegemos um empreendedor e um executivo para uma homenagem póstuma. Um reconhecimento simbólico, porém sincero, que visa também a homenagear um centena de outros nomes que nos deixaram grandes legados.

Ouvindo os oráculos

Muitos dos entrevistados mostraram que, em algum momento, foram em busca de amigos, religiosos, profissionais e mais uma série de fontes que os auxiliassem em suas decisões. Sendo assim, também fui a eles.

Sem preocupação técnica. Somente naveguei nas águas mais comentadas: astrologia, numerologia e psicologia falam sobre o tema a partir de sua visões técnicas e peculiares.

Matriz dedutiva

Dez coisas para pensar e repensar sempre. Mesmo que você já tenha decidido seu destino. Aqui residem algumas das mais importantes respostas! Não sei se o livro responderá a todas as questões, pois até onde sei, nem mesmo o Senhor o fez. Afinal algum de vocês pode explicar facilmente e de forma bem compreensiva, por exemplo, o mistério da Santíssima Trindade?

Brincadeiras à parte, espero que este livro colabore com o caminho daqueles que ainda têm tempo de decidir ou, que pelo menos, seja um alento para aqueles que já decidiram tenha sido pelo caminho certo ou errado. Ou, ainda, que consiga prover coragem àqueles que querem mudar, não importando a idade ou o estágio em que se encontram. Como dizia meu amigo e criativo dos bons Arthur Amorim: que todos tenham (ainda) coragem de ser felizes! Porque segundo o rapper Charlie Brown Jr., o impossível é só uma questão de opinião. Boa leitura!

grande dúvida:
empreendedor
ou executivo?

O que é melhor?

HERANÇA FAMILIAR E AMIGOS DE INFÂNCIA

Já parei várias vezes para me perguntar por que fui parar na área de *marketing* e comunicação. Por que não virei médico, dentista ou advogado? Advogado deve ter sido por conta de meu pai, mas isso eu trato mais à frente. Minha vida seria, talvez, muito mais fácil. Mas, com toda certeza, bem menos engraçada!

Pois bem! Sempre ouvi dizer que a infância nos traz grandes ensinamentos, valores e marcas que são carregados por toda a vida. Sendo assim, e sem nenhum objetivo de me autovalorizar, vou começar compartilhando uma experiência pessoal.

O seu Duílio e a minha carreira

Comecei a observar que, desde pequeno, talvez no auge dos meus cinco ou seis anos, despertou em mim um certo interesse pelas áreas de *marketing* e comunicação. Obviamente, não sei precisar o quanto isso teve efeito em minha vida adulta. Mas que marcou, marcou! Ou eu não estaria aqui.

O fato é que, nessa época – e falamos aqui de uma São Paulo ainda da garoa nos idos de 64 (sem nenhuma referencia política, mera coincidência) – eu frequentava muito a casa de meus avós. Eles eram provenientes do interior do Estado – mais precisamente do Vale do Paraíba –, onde tinham uma boa situação econômica. Porém, esse quadro mudou quando foram expulsos pela situação econômica e política dos idos dos anos 1930/40. Orgulhosos de si mesmos, chegaram à capital como legítimos representantes da classe média.

Sem conseguir se livrar de suas raízes interioranas, instalaram-se em um pacato bairro da capital que, na opinião deles, guardava similaridade com a vida no interior, ou seja, uma vizinha familiar e amigável, ruas arborizadas com crianças correndo, cachorros, papagaios e tudo mais que poderia compor um cenário de certo modo bucólico. Para completar o conforto e a similaridade com as origens, não poderia faltar a "caderneta de compras". Nos dias de hoje esse instrumento poderia ser chamado de CRM, ou Credit Balance Score, ou quaisquer demais sinônimos tão sofisticados quanto. Mas, à época, era só uma caderneta mesmo! Porém, para pessoas como meus avós, era o símbolo máximo do crédito e de aceitação na comunidade local.

Os chamados "órfãos da caderneta" eram vistos como maus pagadores, pessoas nas quais, até certo ponto, não se pode confiar totalmente.

Hoje, ao voltar à Vila Pompeia, tenho uma profunda tristeza pelo que vejo. Falta muita coisa a São Paulo, mas sem dúvida, um projeto de urbanização. Mas isso fica para um outro livro.

O local escolhido para conquistar a tal "caderneta" foi o Empório do seu Duílio. Português dos mais tradicionais, sempre de camiseta regata e com um bom chinelo franciscano legítimo, era sem sombra de dúvida um formador de opinião no bairro.

Nessa época meu avô trabalhava como representante comercial da British American Tobacco do Brasil (BAT) – leia-se Cia Souza Cruz. O Serra ainda não mandava nada, então não existia a lei antitabagismo. Fumar era um ato livre. Até certo ponto, as pessoas ainda eram donas das suas próprias decisões e destinos, mesmo que isso as prejudicasse. Doces tempos que não voltam mais.

Por isso, o bom velhinho tentava nutrir sempre uma relação amigável e amistosa com o seu Duílio, pois, mesmo sem abrir mão do cigarro de palha com fumo de corda, o "portuga" aceitava colocar à disposição da freguesia os "pacotinhos tabagistas" – como ele mesmo os denominava – comercializados por meu avô.

Agora entendo que aquilo era, de forma impensada ou planejada, uma mistura de programa de incentivo com uma ação de relações públicas e que cumpria muito bem seus objetivos à época.

Sempre que visitava meus avós, por uma razão mágica, acompanhava meu avô até o tal armazém.

Ao ver a dupla se aproximando, invariavelmente seu Duílio separava uma paçoquinha "AMOR", retirada de um grande vidro redondo que sempre estava à frente do balcão e próximo ao caixa, e abria um guaraná Champagne da Antarctica, pequeno. Sempre com dois canudos de cores diferentes.

Ao entrarmos no armazém eu era regiamente recebido com esses mimos. Segundo o seu Duílio, isso era uma "oferta da casa" ao neto do amigo João, ou seja, algo que fazia parte dos primórdios de programas de incentivo ou milhagem pelo fato de meu avô ser um cliente assíduo e bom pagador. Mas, como sempre ouvi dizer no mundo corporativo: não tem almoço de graça. Tenho certeza de que meu avô pagava, de uma forma ou de outra, por tudo aquilo no acerto mensal da caderneta. Assim como nós também pagamos nos dias de hoje, de uma forma ou de outra, pelas passagens aéreas gratuitas e similares.

A relação disso tudo comigo, com o *marketing* e a comunicação, é que o seu Duílio, mesmo com baixa instrução, mas muito bom senso e sensibilidade, conseguia interferir no comportamento das pessoas de forma que elas sempre tivessem uma imagem positiva dele. Era impressionante a presença do seu Duílio na vida de meus avós. Frases como "chama o Duílio" ou mesmo "isso é coisa para o Duílio" eram pronunciadas por eles de forma recorrente.

Muitas vezes, entediado com o papo furado da casa de meus avós, ia sozinho ao empório e lá ficava observando o movimento e a reação das pessoas.

O danado do seu Duílio tinha uma base de dados completa sobre seus clientes. Mas, em vez de ter programas sofisticados e computadores de última geração, guardava tudo na cabeça, fruto da soma mensal das cadernetas.

Sabia os hábitos de compra de todos e com isso conseguia antecipar-se e criar formas eficientes de comunicação com seu público. Estimulava, por exemplo, a compra de novos itens por meio de bilhetinhos escritos a mão que seguiam para as casas junto com as entregas. Colocava cartazes, estimulava a degustação de novos produtos ou mesmo daqueles que estavam encalhados. Fazia também, a seu modo, um *telemarketing* ativo ligando para alguns clientes e sugerindo coisas que, por acaso, não estivessem na lista regular de pedidos. A grande maioria das sugestões era supérflua, mas do interesse dele, é claro.

O que mais me espantou nesse empreendedor foi quando, forçado por uma ação judicial que lhe tirou do imóvel, ele se mudou para outro ponto, a cerca de 20 quadras de onde sempre esteve. Mesmo com a distância criada, meus avós – assim como dezenas de outros clientes – continuavam comprando dele. "A confiança prevalece", dizia meu avô. Mais do que depressa, seu Duílio comprou outra bicicleta e colocou uma caixa de entregas na frente, onde estampava de forma muito clara seu nome e telefone. Não satisfeito e, aproveitando-se do fato de a maioria dos clientes ainda morar em casas, instruía o garoto de entregas a gritar "entrega do Duílio!" quando da chegada. Aquilo ecoava pelo bairro como um mantra sagrado. Impressionante mesmo!

Tudo que citei até aqui pode parecer óbvio, mas é incrível como dava resultado. Anos depois, quando já estava na faculdade, fui visitar o seu Duílio e lhe perguntei de onde tirava todas aquelas ideias. A resposta foi simples e direta: faço para os outros só aquilo que gostaria que fizessem para mim.

Mesmo com a chegada ao bairro dos grandes supermercados de rede, o seu Duílio sobrevivia. A fórmula era muito simples: conhecimento do mercado, respeito ao consumidor e preço.

Família e amigos: lembranças e influências

Brincadeiras à parte e trazendo essa experiência pessoal para a questão central deste livro, posso assegurar que essa vivência com meu avô, um profissional de vendas sério, ético e focado, somada às tardes no Duílio, me influenciaram e muito na decisão profissional por *marketing* e vendas.

Meus pais talvez tenham sido os principais geradores das minhas dúvidas no tocante à carreira. Minha mãe, uma bibliotecária de carteirinha, e meu pai, um advogado bem resolvido. Ela, repetidas vezes, fazia turnos enormes nos períodos de provas escolares e vestibulares. Um precioso tempo investido sem nenhum reconhecimento do empregador. Meu pai, de início, dono de um recém-montado escritório de advocacia, sistematicamente vivia aquela situação conhecida de "vender o almoço para comprar o jantar". Anos depois ele conseguiu estabilizar-se, mas a estrada foi dura e os frutos, discutíveis.

Na roda de amigos mais próximos presenciei de tudo um pouco. O pai do Paulo Castro – um dos meus melhores amigos de primário e ginásio – era também advogado. Embora já bem-sucedido quando ainda éramos bem moleques, também sofria muitos altos e baixos. Talvez, como fruto dessa vivência, a vida tenha feito com que o Paulo hoje seja um empreendedor moderado, seguro e de sucesso. Gilberto Tosato, outro grande amigo cujo pai era um empreendedor dono de uma construtora de porte médio, também saboreava as turbulências da política, da economia, elevada inflação e tudo mais que as décadas de 70/80 nos ofertava. Formado em Engenharia Civil por influência familiar, Gilberto decidiu inicialmente pela carreira executiva em construtoras de renome. Hoje, ele tem seu próprio negócio.

Sendo assim, sempre me pareceu ruim ter chefe e, desafiador lutar por algo próprio.

Pai executivo, filho executivo?

Mas, muitas vezes, o exemplo doméstico serve para moldar nosso futuro de forma brilhante. Foi isso que aprendi, por exemplo, com Dante Iacovone, um executivo que, como ele próprio diz, encontrou na família a base que lhe garantiu um bom equilíbrio nas decisões que a vida lhe propôs. Três lições importantes Dante trouxe de casa e da convivência com os amigos de infância e adolescência para sua vida profissional:

- do pai, o claro princípio de que deveria sempre lutar pela integridade absoluta nos negócios;
- da mãe, um princípio ainda mais simples: respeito a tudo e a todos;
- dos amigos, a certeza de que a base de um bom relacionamento é a troca honesta e equilibrada.

Descendente de imigrantes europeus, Dante – assim como eu – foi criado em São Paulo.

"Tive uma infância de classe média, brincando na rua, rodando pião e jogando bolinha de gude", lembra esse executivo que é graduado em Engenharia da Produção pela Escola Politécnica de São Paulo, com MBA em *Marketing* e Recursos Humanos. Tem em seu currículo profissional importantes experiências como presidente em empresas, tais como Universidade Anhembi/Morumbi, Gradiente, BCP Telecomunicações e Motorola. Hoje, Iacovone está à frente da Rede Bahia de Comunicação, um dos mais fortes grupos de comunicação do Nordeste.

O pai de Dante trabalhou no mesmo banco a vida toda, o Banco Real do Canadá, que veio mais tarde tornar-se o The Bank of America. Exemplo para Dante, seu pai entrou como *office-boy* e saiu como diretor-administrativo depois de anos e anos da mais pura dedicação.

Iacovone aprendeu que o truque no mundo executivo, de forma geral, é saber se comportar bem tanto nas crises quanto nos momentos de prosperidade; na alta e também na baixa; no lado esquerdo e no direito.

Ele mesmo ainda completa: "Sempre entendi que não sou eu quem faz as coisas. Quem faz são as pessoas que estão comigo e têm o mesmo ideal. Eu só procuro orientá-las e corrigir o curso quando necessário".

Se pararmos para analisar o pensamento de Iacovone, veremos claramente os ensinamentos do pai e da mãe aplicados até hoje ao seu dia a dia profissional e pessoal.

Para não dizerem que deixei as mulheres de lado, garantindo a presença feminina nestas páginas, conversei com uma executiva brasileira, que hoje atua nos EUA: Aline Clark de Aquino, executiva de carreira na IBM e hoje WW *Marketing* Program Manager da InfoPrint Solutions – USA – empresa da IBM Mundial.

Filha de Renato Aquino, um talentoso arquiteto – que ao mesmo tempo dividia sua atenção entre a arquitetura e a sociedade em uma empresa familiar da área de bebidas quentes (Grupo Toquino) – Aline diz que a família sempre a incentivou a fazer suas próprias escolhas."A opção pela vida executiva foi algo que aconteceu naturalmente, pois foi o caminho que eu encontrei para poder fazer aquilo que eu realmente queria fazer: trabalhar com comunicação e ter experiência internacional. Também sempre achei que seria importante conquistar meu espaço e me desenvolver antes de contribuir para o negócio da família."

Aos 19 anos, começando a cursar publicidade, Aline conseguiu um estágio na badalada e sempre muito profissional W/Brasil – agência de publicidade de Washington Olivetto. Nesse momento, Aline decidiu: queria mesmo aprender a fazer bem aquilo que eles faziam e essa era a experiência que buscaria. Depois de passar por algumas agências, foi trabalhar na IBM onde passou grande parte de sua carreira e onde teve a oportunidade de desenvolver-se como profissional de comunicação e *marketing*. Em 2001, a tão sonhada experiência internacional chegou às suas mãos quando se mudou para os EUA com o marido (também executivo da IBM) para trabalhar na matriz americana.

"Hoje, tenho certeza de que acertei. Embora a veia empreendedora estivesse na família, via que precisava de algo diferente. Mas sei muito bem que isso só foi possível por ter tido a sorte de encontrar profissionais que acreditaram e investiram em mim desde o inicio, abrindo portas e apontando o caminho. Sem a ajuda e, principalmente, sem a amizade deles, eu certamente não teria tido as oportunidades que tive e a carreira executiva não teria valido tanto a pena", completa Aline.

A carreira de Aline assim como muito do seu aprendizado está refletido em um livro por ela publicado com dicas para jovens que estejam iniciando a vida executiva e que queiram aprender a sobreviver aos solavancos do mundo corporativo. Nesse mesmo livro ela, de uma forma ou de outra, passa a influência familiar em sua carreira.[3]

Anita Roddick – lembrança da família

Mudando o foco para o lado mais empreendedor me veio à mente, de pronto, a figura de Anita Roddick, presidente e fundadora da The Body Shop, que faleceu em 2007, aos 64 anos, vítima de uma hepatite C. Em sua última visita ao Brasil em 2002 para o lançamento de seu livro *Meu jeito de fazer negócios*, tive a oportunidade de jantar com ela na casa de uns amigos. Na conversa, Anita deixava clara a influência de sua origem nos seus negócios. Judia, nascida de uma numerosa família de imigrantes italianos, Anita herdou de sua infância um rígido código moral que foi a base de seu trabalho – ativista como ela mesmo definia – à frente de sua bem-sucedida empresa. Seus pais eram donos do Clifton Café, na cidade de Littlenhampton, litoral sul da Inglaterra. O estabelecimento funcionava num prédio que antes havia sido ocupado por uma igreja metodista. Abria sempre às cinco horas para o café da manhã dos pescadores e nativos e ficava aberto o dia todo, sempre servindo algo acompanhado

3 - Aline Clark, *O pulo do gato*. (Editora Outras Letras - 2006)

de batatas. Só se permitia fechar depois que saísse o último cliente. Em comparação, seus concorrentes abriam às nove horas e fechavam às cinco da tarde. Isso já mostra a diferença na postura da família de Anita. Ela e seus três irmãos trabalhavam todas as noites, finais de semana e feriados, servindo café. Todas as suas relações e amizade nasciam no café. O pai de Anita sempre foi um empreendedor dedicado e visionário. Ainda quando ela era muito pequena, seu pai transformou o modesto café em bar e sorveteria. Copiou os moldes das lanchonetes americanas, inclusive vestindo a todos com uniformes similares aos que apareciam nas propagandas da Coca-Cola. Todo esse clima fez nascer também em Anita o espírito empreendedor e acima de tudo uma clara visão de que sempre deveria estar à frente de seu tempo e criando seu próprio caminho. Com a morte de seu pai, quando ela estava apenas com dez anos, a família teve de se superar.

Nessa fase ela aprendeu com a mãe uma importante lição de empreendedorismo: nunca seja medíocre. Uma pessoa medíocre só pode obter resultados medíocres. Para a mãe de Anita todos deveriam se preocupar em ser sempre especiais, nunca medíocres.

Mais tarde, quando Anita fazia um curso de formação para professores, sua mãe vendeu o café e abriu uma boate no centro da cidade.

De nome El Cubana, toda decoração procurava criar a atmosfera certa. Daí veio outro aprendizado familiar que Anita aplicaria mais tarde: sempre buscar criar a atmosfera certa. Um mantra pronunciado sempre por Anita era: faça do seu passado um prefácio para seu futuro.

As suas crenças visionárias vieram com certeza de uma forte raiz familiar. Principalmente para quem fundou uma empresa como a The Body Shop em 1976, com conceitos como comércio justo, respeito ambiental, proteção à fauna e flora e um profundo respeito pelos direitos humanos. A família sempre foi muito importante, pelo bem ou mesmo pelo mal, como dizia ela, referindo-se aos difíceis períodos que atravessou como imigrante judia na sua infância e adolescência.

Família brasileira. Herança brasileira

Outro bom exemplo ilustrativo de nosso tema vem de Francisco Mesquita Neto. A influência de seu pai – Juca Mesquita – e de toda a família, tradicionalmente ligada a um dos mais importantes jornais brasileiros (*O Estado de S. Paulo*), e mais a sorte de viver de perto importantes momento políticos que o País atravessou, deram-lhe fundamentos muito fortes que também carregou consigo por toda a vida. "Lembro claramente do dia, aos dez anos de idade, em que me mandaram buscar na escola porque estava estourando uma revolução". Mesquita recorda as conversas de seu pai e o receio de sua mãe por tudo que acontecia. E os dez anos subsequentes não foram para ele muito diferentes. Recorda-se de que num sábado pela manhã foi visitar seu pai no jornal onde havia recém-estourado uma bomba. "Veio quase tudo abaixo. Quando entrei na sala de meu pai, me deparei com Delfim Netto e outras celebridades se solidarizando com ele", comenta Mesquita.

O fato de seu pai cuidar da administração e das finanças do grupo editorial fez claramente com que Mesquita também se dedicasse a essa área. "Meu avô foi o primeiro a se dedicar às áreas administrativa e financeira do jornal, enquanto outros se dedicavam ao jornalismo. Ou seja, isso estava nas veias", afirma Mesquita.

Mais uma vez a herança familiar prova-se na vida profissional de Mesquita. Depois de uma carreira sólida no grupo de comunicação da família, ele lançou-se no mundo executivo como presidente da *holding* Total de Eduardo Fischer, participando cumulativamente de vários Conselhos de Administração em empresas nacionais e internacionais.

E foram com ele, para sua vida executiva, vários ensinamentos adquiridos com a tradicional família e com os amigos mais próximos:

- a tradição e os valores de um grupo empreendedor que há mais de 130 anos persegue o jornalismo sério e comprometido com a verdade;

- a habilidade de relacionar-se com pares e colaboradores;
- o senso de missão e o foco em resultados;
- a importância das equipes.

O publicitário Washington Olivetto, corintiano roxo, sócio-fundador da W/Brasil e que acumula algumas centenas de prêmios em sua brilhante carreira (misto de executivo e empreendedor), tem uma opinião muito clara sobre este tema. Para Olivetto, as pessoas nascem para fazer bem alguma coisa, não importa qual. O grande desafio é descobrir qual é essa coisa. E pior: muitos atravessam toda uma vida sem saber.

Baseado nisso, Olivetto coloca que a família e amigos têm muita importância nessa descoberta. “Se formos estimulados nos momentos certos, em que esse talento aflora, sem sombra de dúvida vamos chegar mais facilmente a um bom entendimento daquilo que queremos ser ou do que a vida, de certa forma, nos reserva”, afirma o publicitário.

Coaches e *hunters*

Marcelo Mariaca é sócio-fundador da Mariaca & Associados, empresa que oferece serviços em consultoria e assessoria em gestão de capital humano tais como *hunting*, *outplacement* e *coach*.

Marcelo é nascido em La Paz, filho de pai executivo, engenheiro de minas. Por conta das atribuições do pai, viajou muito e fez sua formação escolar e acadêmica nos EUA. Fruto do bom desempenho na época da pós-graduação, foi selecionado, aos 24 anos de idade, para um programa de *trainee* e optou pelo Brasil. Aliás, lutou para vir ao Brasil, sabedor de que aqui estavam as oportunidades. Desse início, só sucesso na vida corporativa. Foi executivo do Harris Bank em Chicago, presidente da Black & Decker no Brasil e vice-presidente da DuPont-South America. Mas, um belo dia, mesmo com sucesso comprovado na carreira executiva, resolveu abrir seu próprio negócio. Suas razões: a incerteza do futuro, o medo da dependência e uma vontade enorme de dar certo. Em 1990, com pouco mais de 36 anos de idade, montou a MA – Mariaca & Associados. "Naquele tempo, por estar em RH, comecei a observar as tendências e via que o mercado de executivos sofreria vários impactos em função de variáveis como economia mundial, globalização e rápido desenvolvimento tecnológico. Em função disso, entendi que, para mim, abrir um negócio, naquele momento da vida, era ao mesmo tempo uma necessidade e uma oportunidade" afirma Mariaca. Segundo ele, ser executivo ou empreendedor tem influências da família. Mas, mesmo assim, é preciso que o indivíduo tenha coragem, vontade de vencer, de dar certo. Quando se opta por empreender, como dizem os americanos, logo você se vê de frente com o chamado *point of no return*. Aí, mesmo com uma forte herança genética, nessa hora você é realmente testado. Para ele, certas qualidades importantes tanto aos executivos quanto aos empreendedores podem muitas vezes vir da educação familiar e dos relacionamentos. Ele destaca: humildade, confiança e a divina qualidade de saber ouvir. Ainda segundo ele, as empresas de hoje, de forma geral, estão confusas sobre o que querem. Estão muito imediatistas. Portanto, aqueles executivos que somam uma boa formação pessoal, uma boa formação técnica, contemporaneidade, visão de mundo, liderança e senso empreendedor terão grandes chances de sucesso. Aliás, completa Mariaca, aqueles que tiverem essas qualidades também darão grandes empreendedores. Ou seja, a sobreposição é muito grande e tende a tornar-se ainda maior.

Ainda no território dos especialistas, falei com Ângela Antonioli Pêgas – sócia e diretora do escritório brasileiro da Egon Zehnder International. A empresa de Ângela foi fundada em 1964 e opera com 375 consultores em 37 países. Seu pai era profissional liberal e a mãe, empreendedora. Mas, mesmo os dois estando realizados nas suas decisões, a lição que lhe ensinaram em casa foi de que esses eram caminhos difíceis. Melhor mesmo era ter uma posição confortável numa grande empresa. Gaúcha de

Porto Alegre, Ângela sonhava ser jornalista. Sabendo das limitações dessa profissão em sua região, e com grande facilidade para os estudos, cursou simultaneamente jornalismo na URGS e direito na PUC, graduando-se nas duas. Antes mesmo de se formar, aos 19 anos, parte de seu sonho se realiza: vai trabalhar numa empresa de mídia. Ingressa na RBS, maior grupo de comunicação de sua região, porém, para trabalhar na área legal. A RBS lhe deu grandes oportunidades, às quais ela sempre respondeu com eficiência. Assim, em menos de quatro anos, já coordenava a área jurídica da empresa e estava envolvida com vários projetos estratégicos. Para complementar sua formação faz Economia e Direito Corporativo na FGV de Porto Alegre.

Ângela tinha outros sonhos, entre eles continuar a estudar e morar fora. E depois de muitas negociações com a RBS, que não queria que ela fosse estudar Direito, consegue fazer parte de um programa de MBA custeado pela empresa e é aceita na Kellogg School of Management. Cursou o programa por dois anos e durante esse tempo fez alguns *jobs* temporários. Entre eles, em uma posição de *trainee* num *summer job* no Goldman Sachs. O Goldman Sachs é um dos maiores bancos de investimento do mundo. Foi fundado em 1869 por Marcus Goldman, tem sede em New York e mantém escritórios em muitos outros principais centros financeiros do mundo. Quando Ângela termina o curso na Kellogg e já de malas prontas para voltar, recebeu uma proposta do Goldman para ficar e assumir uma posição fixa na empresa. Negociou sua volta com a RBS. Queria ficar só mais um ano. Mas eles não aceitaram, pois a queriam de volta. Frente a esse dilema, a possibilidade da experiência profissional e pessoal falaram mais alto. Assim, decidiu ficar no Goldman. "A RBS sempre foi uma casa incrível, com gente mais incrível ainda. Porém, não podia perder aquele momento único. Trabalhar e morar em New York, um dos grandes centros de negócio do mundo e uma das cidades mais incríveis para se morar lembra Ângela". De 2000 a 2002, o Goldman foi o desafio de Ângela. Ela foi uma das brasileiras que viveram na pele um dos piores atentados terroristas a que o mundo já assistiu: o 11 de setembro. Ângela conta que, no dia, estava descendo de um ônibus fretado na região de Wall Street em New York, indo trabalhar no Goldman. Quando olhou para cima, o segundo avião batia no WTC. Uma imagem e um momento que não se esquece facilmente, segundo ela. Mas, por outro lado, tão forte que chegava a ser inacreditável. Ângela levou algum tempo para entender o que estava acontecendo.

Como na maioria das organizações, quando existem mudanças nas economias e nos resultados, uma forte reorganização é feita. Ângela é então transferida para uma operação do Goldman em Princeton. A monotonia do lugar e do trabalho fazem com ela entenda que é hora de voltar. Por uma indicação de um colega de MBA, volta direto para trabalhar na Ambev em 2002. Assume posição na área legal, voltada para o mercado de capitais, e vive toda a preparação da associação com a Interbrew. "A Ambev é incrível. Fui contratada depois de uma entrevista de não mais de 10 minutos com o Brito, presidente da empresa. Mesmo jovem, tive total autonomia nos processos de aquisição. Eles davam os parâmetros e nos liberavam para fazer", completa Ângela. Dessa experiência, surge o convite, aceito por ela, do Grupo Ultra para assumir toda a área legal. O grupo foi fundado por Ernesto Igel e permaneceu muito tempo sob a direção de seu filho Pery Igel. Hoje, é controlado pelos herdeiros de Igel e fazem também parte do bloco de controle alguns dos diretores-executivos, além do Grupo Monteiro Aranha. Dentre as empresas do grupo, todas subsidiárias da *holding* Ultrapar, estão a Ultragaz e Brasilgas (especializada na produção e comercialização de gás de cozinha), a Ultracargo (especializada no transporte de combustíveis) e a Oxiteno (indústria química). Em 2007, anunciou a compra da Petróleo Ipiranga junto com a Petrobrás e a Braskem. Ângela, durante os quatro anos em que lá esteve, participou de todas operações importantes. A experiência também lhe deu uma certa bagagem sobre o importante mercado de gás e petróleo, bagagem essa que usaria mais tarde em novo desafio. Executiva de carreira, com excelente formação acadêmica e profissional, era alvo fácil dos *headhunters*. Mas um dia recebe uma proposta incomum: virar, ela mesma, uma *headhunter*. Os sócios brasileiros da Egon Zehnder a convidam para ingressar na consultoria. Depois de um longo processo de seleção, em que passou por mais de 30 entrevistas com sócios da Egon aqui e no exterior, aceitou o novo desafio. Hoje, ajuda empresas a encontrarem seus executivos, inclusive nas áreas de petróleo e gás. Nas suas buscas e entrevistas, Ângela confirma que a família, os amigos, a faculdade e tudo o mais desse rico período de formação, interferem positiva ou negativamente na vida profissional das pessoas. "Vejo que aqueles que sabem fazer bom uso do aprendizado que receberam dos pais, irmãos, professores e amigos conseguem maior sucesso na vida", diz ela. "Não que isso seja uma regra. Muitas vezes entrevisto executivos que passam a vida sem entender onde estão ou para onde vão. Mesmo assim, não deixam de ser competentes. Muitas vezes, o caminho desses profissionais está no empreendedorismo. O difícil às vezes é aceitar isso e ter coragem de dar a virada", comenta Ângela.

Para ela, a veia empreendedora é sempre bem-vinda. Empreender é tomar risco para si. É também ver a empresa nos seus diversos ângulos e não se reter somente naquela área ou função para o qual um executivo é contratado. Cada vez mais as empresas buscam talentos colaborativos. Gente que esteja comprometida com um só objetivo e com resultados acima dos satisfatórios. "Cada mais as empresas brasileiras se assemelham às internacionais. Buscam executivos com as mesmas competências. A diferença talvez seja que as multinacionais têm, na sua maioria, estruturas maiores e mais bem organizadas. Porém, as brasileiras têm uma liberdade de ação e uma velocidade que encantam", completa Ângela.

As opiniões são muitas e exemplos não faltam. Poderia aqui comentar sobre a influência da família na vida de empreendedores, tais como mostram as histórias de Miguel Abuhab da Datasul, Salim Matar da Localiza, Walter Fontana da Sadia e de executivos como Antonio Maciel da Suzano, Raul Rosenthal da Íntegra ou Walter Longo da Y&R, também analisados em meus livros anteriores. Mas, fruto de todos esses exemplos e conversas, uma coisa posso afirmar: família e amigos constituem importantes influências na formação pessoal e profissional de um indivíduo. Afinal de contas, os lados pessoal e profissional caminham sempre juntos ou muito próximos.

Reportando agora minha própria vivência, e as de Iacovone, Mesquita ou Olivetto, fica reforçado e bastante claro que a família – seja para o bem ou para o mal –, por participar intensamente dos primeiros dois ciclos de formação pessoal (de 0 a 7 e de 7 a 14 anos), deixa marcas muitos fortes na formação pessoal e profissional. Assim como também os amigos mais chegados dessas mesmas fases.

Afinal, quem não se lembra daquele beijo roubado aos 13 ou 14 anos? Marcou ou não?

Afinal de contas,
os lados pessoal
e profissional
caminham
sempre juntos ou
muito próximos

NECESSIDADE, OPORTUNIDADE OU PURA VOCAÇÃO

Nas páginas que se seguem, os leitores encontrarão histórias de empreendedores e executivos, sem hierarquia, prioridade ou mesmo lógica entre si. Grandes e pequenos. Novos e experientes.

Quando conversei com essas pessoas, não procurava por coerência ou mesmo identidade. Procurava por variedade, histórias verdadeiras, casos reais.

As entrevistas aqui apresentadas são fruto de uma mesma pergunta a amigos, formadores de opinião, jornalistas, empresários e mais um monte de gente ligada na vida e no mundo. A pergunta era: você lembra de alguém que valha mesmo a pena eu conversar? Muitas foram as dicas e pouco o tempo para produzir tanto conteúdo. Mesmo assim, consegui reunir neste livro uma boa amostra de casos. Gente que emociona, gente que se dedica, gente que acerta, enfim, gente que faz.

executivo por dedicação

Antonio Roberto Cortes

presidente da MAN Latin-America e da Volkswagen Caminhões e Ônibus

"De uma forma ou de outra, há 30 anos sou um executivo da mesma empresa..."

Roberto Cortes, 54 anos, foi o primeiro brasileiro a presidir uma operação do Grupo Volkswagen na América do Sul e é, agora, o primeiro latino-americano a fazer parte do Managment Board do Grupo MAN. Uma pessoa que esbanja simpatia. Tem energia própria. Difícil vê-lo de cara fechada. Também, não é para menos. A sua operação de caminhões e ônibus é exemplo aqui e em todo mundo. Exemplo de resultado, de qualidade e acima de tudo de profissionalismo. Como marido e pai também é um cara realizado. Está há mais de 30 anos casado com Sandra, e seus filhos Amandha e Brunno, ambos formados em Economia, já trabalham em boas posições, numa das melhores instituições financeiras do País.

Mas, nem sempre tudo foram flores.

Roberto vem de uma típica família imigrante de classe média alta, residente à época na Vila Mariana. Um bairro que tem, até hoje, como característica marcante ser uma região predominantemente de classe média e média alta, com um perfil ora comercial, ora residencial. Pode ser considerada uma das regiões mais desenvolvidas da capital paulista, e isso comprova-se nos seus números. A renda média da região gira em torno de R$ 3,6 mil mensais, quase o triplo da média municipal. Os lançamentos imobiliários não cessaram nem nas épocas de crise e seu comércio é diversificado e poderoso.

Seu pai, Antonio Cortes Rodrigues, espanhol de sangue quente vindo da Galícia, desembarcou no Brasil pelo porto de Santos, assim como outras centenas de milhares de imigrantes europeus. Contabilista de formação, tinha nas veias o dom empreendedor. Aos 31 anos de idade já era sócio de uma cadeia de cinco padarias e doceiras espalhadas entre a capital e a cidade de Santos. "Recordo, aos 4 ou 5 anos de idade, saía com meu pai para percorrer as lojas, saber do movimento e, como não poderia deixar de ser, dos números", lembra ele, com saudades e admiração. Mas o destino não permitiu que o sr. Antonio empreendesse por muito tempo. Aos 33 anos de idade, vítima de um infarto, veio a falecer. Os negócios passaram então a ser administrados por sua esposa, Yvonne, também contabilista e hoje com 81 anos.

Mas, infelizmente, o empreendedorismo não era o forte de sua mãe e, em função disso, quando Roberto tinha apenas 13 anos de idade, viu os negócios da família ruírem. Dona Yvonne, vítima de desapropriações da Prefeitura de São Paulo por conta de obras do Metrô, perdeu os dois últimos pontos comerciais que lhe restavam. Como na época a legislação relativa a fundo de comércio e tudo mais era incipiente, ficou apenas a lembrança dos bons dias do passado. A relação de Cortes com o empreendedorismo, que poderia ser de grande sucesso, viu-se aqui fortemente abalada. A insegurança do momento para um menino recém-ingresso na adolescência foi marcante.

Reunida, a família viu-se na necessidade de buscar emprego. O hábito de passear pelas padarias aos domingos fora trocado pelo de ler o caderno de empregos do *Estadão* à procura de um lugar ao sol. Muitas foram as vezes em que os anúncios, pela amplitude de ofertas e possibilidades, coincidentemente levaram toda a família Cortes ao mesmo empregador. Um desses casos foi um anúncio do Banco Mercantil – que era controlado pela família Vidigal. Mas a sorte quis que só Roberto se desse bem dessa vez. Em fevereiro de 68, Roberto Cortes, aos 13 anos, conseguiu seu primeiro emprego: contínuo. Até algum tempo atrás, a profissão de contínuo era muito conhecida. Era exercida por uma pessoa de qualquer idade, desde que oficialmente empregada em um escritório, mais comumente em repartições públicas, escritórios de advocacia e bancos, e que prestava os serviços de rua tais como bancários, de entregas, correios e outros mais. Atividade que, hoje, poderia ser chamada de *office-boy*, mas que sem dúvida tinha muito mais charme e importância.

Dos 14 aos 16 anos, Cortes viveu no Mercantil suas primeiras experiências em termos de plano de carreira. Além do aprendizado técnico, foi exposto à excelente escola em termos de formação pessoal, em função das duras exigências do banco, tanto na parte disciplinar como nos aspectos éticos. De contínuo de rua foi para contínuo interno (bem mais chique para a época), depois escriturário e já estava até sendo preparado para algo maior quando deixou o banco por conta de um outro atrativo anúncio de jornal.

Cortes foi então trabalhar, em 1972, na Fundação Zerrenner. Para quem não sabe, leia-se Cia Antarctica. Ocorre que, em 9 de fevereiro de 1891, foi oficialmente fundada a Companhia Antarctica Paulista como sociedade anônima, com 61 acionistas. O decreto nº 217 de 15 de maio de 1891, firmado pelo presidente da República, Marechal Deodoro da Fonseca, autorizou a Companhia Antarctica Paulista a funcionar com os estatutos apresentados dentro da legislação vigente na época.

Inicialmente a empresa não tinha um foco muito claro de negócios, atuando na fabricação de cerveja e refrigerantes, de banhas e presuntos, além de gelo e de lidar com manutenção de câmaras frias para estocagem de alimento.

Entre os seus acionistas estavam João Carlos Antonio Zerrenner, alemão, e Adam Ditrik Von Bülow, dinamarquês, ambos naturalizados brasileiros e proprietários da empresa Zerrenner, Bülow e Cia., exportadora e corretora de café. Eles importaram equipamentos da Alemanha para modernizar a produção de cerveja e os financiaram para a Antarctica.

Em 1893, houve uma desvalorização muito grande da moeda e a Antarctica esteve quase por decretar falência. Então Zerrenner e Bülow decidiram trocar seu crédito por um aumento de participação na empresa, tornando-se dessa forma acionistas majoritários e assumindo o controle da Antarctica. Sob a direção da Zerrenner, Bülow & Cia, a empresa foi reorganizada e focou-se na fabricação de cerveja e refrigerantes. A partir de então recuperou-se e passou a crescer rapidamente. Com a morte de Zerrenner e de sua esposa, que não deixaram filhos, o patrimônio do casal passou a ser administrado pela fundação que carregava seu sobrenome.

Em 30 de março de 2000, a fusão Antarctica e Brahma foi aprovada e a figura jurídica da fundação desapareceu como controladora da Cia Antarctica.

"Pelo meu gosto e pela facilidade com números e estatísticas na Zerrenner, passei a me dedicar plenamente às áreas administrativa e financeira. Nessa época também decidi cursar Economia no Mackenzie. Sabia que queria uma ciência e essa me pareceu que seria a mais útil," comenta Cortes.

Em 1976, Cortes vai para a Gessy Lever como analista de negócios. Descontente porque a companhia tinha como política não deixar que um já funcionário se inscrevesse no – até hoje cobiçado – programa de *trainee*, resolveu deixar a empresa em 78.

Pela primeira vez tem uma movimentação profissional não motivada por um anúncio classificado e sim por uma forte indicação. Um de seus professores na Mauá, onde cursava na época uma pós-graduação de Finanças, o convida a trabalhar na extinta Engesa.

A Engesa foi controladora das empresas Engex; Engelétrica (ex-Bardella-Borriello Eletromecânica); Engetrônica (ex-Inbelsa, afiliada da Philips do Brasil, em São Paulo, SP); Fábrica Nacional de Vagões – FNV (em Cruzeiro, SP) e Órbita, entre outras. O seu centro administrativo ficava em Tamboré, Barueri, SP, onde também se encontrava a Engepeq, centro de pesquisa e desenvolvimento do grupo.

A falência da empresa foi decretada em outubro de 1993, no ápice de problemas que começaram com o calote de US$ 200 milhões do Iraque e no fracasso de vendas dos tanques pesados Osório, nos quais a Engesa havia investido todas as suas reservas.

A empresa era um reduto de bons alunos, de boas faculdades. Até aqui tudo combinava com o perfil de Cortes. Mas a experiência dele não foi boa. Duas semanas após sua contratação o professor, responsável por seu ingresso na empresa, foi sumariamente demitido. Um choque. Naquele momento, Cortes soube que sua vida na Engesa não seria longa. Mesmo assim insistiu, ficou por uns meses e pegou gosto pelo mercado automotivo.

De volta aos classificados de jornal. Por uma feliz coincidência, a Ford Brasil naquele momento estava recrutando alunos do Mackenzie. Ele se inscreve e é aceito no programa de *trainee* da Ford em outubro de 1978. "O programa da Ford era uma maravilha. Era, realmente, um programa de *management trainee*. Preparava e dava oportunidade e respeitabilidade", completa Cortes. Dois anos depois, do alto de seus 28 anos, consagra se gerente e segue firme na carreira de finanças, sempre com foco em sua aplicabilidade nas estratégias da empresa.

Em 1986 foi convidado para fazer parte do projeto internamente denominado de Pine Project, programa que visava a criar a chamada Autolatina, *joint-venture* entre Volks e Ford no Brasil e na Argentina. Em 87 a nova empresa foi comunicada ao mercado.

Nos anos de 89 e 90, Cortes foi transferido para a matriz da Ford, em Detroit, como gerente de Estratégia de Negócios. Na época teve a oportunidade de trabalhar em projetos importantes, como a compra da Jaguar, e o desenvolvimento do novo Taurus, um carro modelo na história da empresa. "Como diz o ditado popular: não tem almoço de graça. Cheguei em Detroit com toda a família em dezembro. Pleno inverno. O pátio da Ford estava todo branco. Deram-me um carro branco e um aceno de boa sorte. Da família só eu e minha esposa falávamos inglês. Embora tenha sido uma superexperiência pessoal e profissional, posso garantir que não foi nada fácil. A Sandra, minha esposa, me deu toda força. Hoje damos risada de tudo", conta Cortes.

Na sua volta, seguiu em finanças na Autolatina. A decisão de separar as empresas, dissolvendo a Autolatina, foi tomada no final de 1994 e concretizou-se em 1995, ocasião em que os sistemas de informação passaram a ser específicos a cada uma delas. A separação foi mais amigável do que pode parecer à primeira vista. A razão foi uma questão ligada a filosofias e estratégias de negócio, com poucos traços de sentimentos e rancor. Na época o pessoal da VW foi para a VW e os da Ford para a Ford. Exceção feita, no alto escalão do lado Ford, a quatro executivos, entre eles Cortes. "Éramos quatro: eu, Décio Carbonari (hoje no Banco VW), Fernando Peres e, o hoje ministro, Miguel Jorge. E acho que acertamos na decisão", analisa Cortes.

"Minha decisão se deu pela fria avaliação da real contribuição que eu daria a uma ou outra empresa. Na Ford, seria mais um na área financeira. Talvez, tivesse pouco a contribuir, agregar, e a concorrência interna seria grande. Na VW, uma empresa forte em engenheiros, produção, fabricação, minhas capacidades na área de finanças poderiam ser mais bem aproveitadas. E acho que foram", avalia Cortes. Dessa forma, ele tornou-se o diretor de Controladoria e Tesouraria para a região aos 39 anos de idade.

Em 1998, fruto da visível pegada empreendedora de Cortes, o então presidente da VW – Herbert Demel – propôs-lhe acumular suas funções com a de líder de um projeto que transformaria o negócio de ônibus e caminhões da VW numa unidade de negócios independente e competitiva.

"Não tínhamos foco em caminhões e ônibus. Na época da Autolatina fazíamos os produtos em conjunto. Há anos a VW não pensava um produto novo. Era um problema, mas, acima de tudo, uma grande oportunidade," explica Cortes.

Em 1998, com a inauguração da fábrica de Resende – que já era fruto do trabalho da equipe multidisciplinar liderada por Cortes –, ele assumiu o comando geral da Volkswagen Veículos Comerciais e de Caminhões e Ônibus para a América do Sul. "Acho que quatro pilares sustentaram e sustentam o sucesso do nosso negócio: produtos certos feitos para o País, uma excelente rede de distribuição, uma fábrica moderna e, antes de tudo, foco" afirma.

Na época, a VW era um "patinho feio" na área, totalmente dominada pela Mercedez que detinha cerca de 40% do mercado, seguida pela Ford com algo como 20%. Scania, Volvo e VW lutavam pela mesma fatia.

Em 2005, Cortes realiza um dos seus primeiros sonhos à frente do negócio ônibus e caminhões. Depois de cinco anos de desenvolvimento, lança no mercado a linha Constelation. A "cara" do novo produto era notada de longe, nas estradas. Uma nova cabine, desenhada para causar impacto de robustez, com a grade exuberante e os faróis redondos superpostos cumpria seu papel. A ergonomia e o conforto do motorista, que encontrava espaço para tudo, eram reconhecidos pelo consumidor. A grande novidade foi a opção de porta alongada com cobertura dos degraus, para maior segurança. Além disso, uma ampla abertura na grade dianteira permitia fazer a inspeção de todos os líquidos do motor com facilidade e rapidez.

Estratégias, lançamentos, parcerias, foco no mercado e tudo mais fizeram o sucesso da VW caminhões e ônibus.

Dos pouco mais de mil colaboradores e 50 veículos/dia e dez produtos, a equipe de Cortes hoje contempla mais de 5 mil colaboradores, produz 250 veículos/dia de uma linha de 40 produtos.

Em 2009, a empresa liderou o *ranking* de vendas de caminhões acima de 3,5 toneladas e pelo sétimo ano seguido manteve o primeiro lugar nas vendas do segmento acima de 5 toneladas. Também garantiu a liderança nas exportações brasileiras de caminhões e, pelo terceiro ano consecutivo, o título de maior fabricante desse produto no País. Um negócio de quase R$ 1 bilhão em 2000, hoje passa dos R$ 6 bilhões.

Tanto sucesso não poderia passar despercebido. A MAN, um dos principais grupos empresariais da Europa, com sede em Munique, na Alemanha, voltada ao setor de transportes e que está no mercado há mais de 250 anos, adquiriu em dezembro de 2008 a totalidade da operação por nada menos que 1.175 bilhões. Com empresas em todo o mundo, o grupo emprega atualmente mais de 50 mil pessoas. A MAN produz e comercializa caminhões, ônibus, motores diesel e turbocompressores.

E o mais incrível: não mexeu em nada. Cortes não só continuou no cargo como foi alçado ao *board* mundial da empresa.

"Por isso eu digo que, de uma forma ou de outra, há mais de 30 anos sou executivo da mesma empresa. Entre Ford, Autolatina, VW Caminhões e Ônibus e MAN mudei várias vezes, sem ter mudado. Aliás, minha vida é assim: estável! Estou casado e feliz há mais de 30 anos. Meus principais executivos, e hoje também amigos, fazem parte do meu ciclo também há mais de 30 anos" conta Cortes.

Ele não admite ter uma fórmula para seu sucesso, mas algumas máximas ficam muito claras no seu modelo de gestão:

- vê-se sempre como um empreendedor à frente de uma multinacional;
- quer, à sua volta, gente também empreendedora, que faça acontecer, que saiba correr risco;
- administra de forma organizada, mas informal;
- acredita que liderança é resultado de uma postura ética e justa;
- acredita no trabalho, na dedicação, na inspiração;
- cobra atualização, contemporaneidade;
- compete, e quer que todos também o façam, para ganhar. Prega o "there is no place, but number one..."
- admira e valoriza a lealdade;
- lida com todos os níveis, do chão de fábrica ao governo, sempre respeitando e valorizando a atuação de seus executivos;

- está no ar o tempo todo. Nunca deixa de responder a um *e-mail*, de qualquer lugar que esteja no mundo, mesmo que na resposta venha um simples "OK";

Com uma empresa de sucesso, bons resultados e reconhecida, Cortes poderia, como diz o dito popular, "colocar o burro na sombra". Mas, não, nada disso! Quando da nossa entrevista, ele havia recém-chegado do Rio onde fora comunicar ao governador Sérgio Cabral a implantação de um terceiro turno na fábrica de Resende o que resultará na contratação de cerca de 800 colaboradores.

Além disso, nos fins de semana, devora livros, revistas, jornais, estudos e tudo mais que possa contribuir com sua evolução e crescimento. Não para, por hábito de economista, de pensar no Brasil. Tem também dividido sua rica experiência com outros por meio de aulas, apresentações e palestras nacionais ou internacionais, como as que recentemente fez no MIT e na Columbia.

Capacidade essa de dividir, aliás, mais uma vez demonstrada neste livro. Cortes fez uma verdadeira ginástica para abrir em sua agenda o tempo necessário a um bom e rico papo sobre o tema. E tenho certeza que valeu a pena!

de empreendedor a executivo em 40 minutos

João Cox

presidente da Claro
braço brasileiro da América Móvil

"Cerca de 40 minutos depois regressa ao hotel e comunica à esposa: quando voltarmos vou dirigir a operação da Claro no Brasil..."

Quando convidei João Cox a contribuir com este livro, dando sua visão de executivo, recebi uma resposta – via *e-mail* – que já demonstrava a riqueza da futura conversa:

"...Tenho apenas uma dificuldade em aceitar, apesar de ser em tese categorizado como "executivo". Não sou dono ou acionista deste negócio. Mas ajo, ou procuro agir em minha visão, como empreendedor. E, de certa forma, tenho até uma aversão a ser chamado de executivo.

Vejo distinções muito grandes entre estes dois seres..."

Na mesma resposta, Cox me enviou um raciocínio que batizei de Matriz COX. Nela, ele listava as diferenças mais marcantes que via entre um executivo clássico e o que poderíamos chamar de um executivo empreendedor.

Matriz COX

O empresário	**Enquanto o executivo**
• faz as coisas certas acontecerem • busca a eficácia • arrisca sempre, com segurança • atitude de "dono" • satisfaz o cliente fazendo o que ele precisa • é líder • busca a descentralização • é responsável por centro de resultados • constrói o futuro • está 24 horas "no ar"	• faz acontecer as coisas • busca a eficiência • arrisca pouco • atitude de "colaborador" de alto nível • satisfaz o cliente fazendo o que ele quer • é gestor • busca a delegação • é responsável por centro de custo • zela pelo presente • está 12 horas "no ar"

O que permite a Cox essa rápida, porém profunda, análise do assunto é uma carreira de sucesso, mista entre empreendedor e executivo. Mesmo estando hoje numa posição privilegiada em uma das maiores empresas em seu segmento, Cox vê-se no caminho de aprendizado.

Nascido no Rio de Janeiro em maio de 63, é mais visto pelo mercado como baiano ou mineiro em função também de seu histórico profissional muito ligado às duas regiões. Em julho de 2007 o reconhecimento de Minas Gerais veio por meio de um título de cidadão honorário a ele atribuído pelo governador Aécio Neves.

Filho de pai santista e mãe baiana, morou no Rio de Janeiro até os nove anos de idade devido aos compromissos profissionais de seu pai.

E, já nessa época, mostrava seus dotes de empreendedor. Como o colégio em que estudava não tinha "cantina", ele comprava balas e chocolates e revendia aos colegas de escola nos intervalos diários, com um certo lucro, é claro.

Dos 9 aos 18 anos morou em Brasília e depois foi para Salvador, sempre acompanhando a agenda profissional de seu pai que estava mergulhado no setor financeiro. Na Bahia, faz sua formação acadêmica em Economia pela Universidade Federal da Bahia, que é hoje a maior do Estado e que tem como lema o compromisso social.

Seu primeiro emprego foi no governo, no Desenbanco. Criado em 16 de setembro de 1966, sucedendo ao antigo Fundagro (Fundo de Desenvolvimento Agroindustrial), o Desenbanco contribuiu de forma efetiva para a trajetória que projetou a Bahia para a privilegiada posição que ocupa hoje na região. Nascido com o nome de Bandeb (Banco de Desenvolvimento da Bahia) e instalado modestamente no sétimo andar da Agência Centro do Baneb, no Comércio, ganhou o nome de Desenbanco em 1970, quando já era um dos pilares do governo estadual para a promoção do desenvolvimento e da modernização da infraestrutura e para o crescimento da agroindústria, do turismo, dos serviços e do comércio. Naépoca, um emprego desejado por muitos e conquistado por poucos. Mas a inquietude de Cox já era forte. Ao mesmo tempo em que trabalhava no banco, dava aulas de OSPB (Organização Social e Política Brasileira) num tradicional colégio de Salvador, de Finanças na Unifacs e na Estácio de Sá e ainda tinha tempo para ser consultor em informática.

Aos 21 anos, quando atinge a maioridade, é convidado a ingressar nas Organizações Odebrecht como analista de investimento. E é na "escola" Odebrecht que Cox adquire seus primeiros ensinamentos práticos sobre o mundo dos grandes negócios. Durante os 13 anos em que esteve na empresa e, tendo reconhecido seu senso empreendedor e sua capacidade de assumir e liderar novos projetos, teve a oportunidade de envolver-se em grandes operações financeiras nas áreas de petroquímica e infraestrutura. Além disso, por também ter trabalhado na *holding* do grupo, conseguiu formar uma imagem mais completa de um conglomerado de grande porte.

Cox recorda-se com carinho de que logo nos seus primeiros dias de Odebrecht foi convidado a assistir a um vídeo – parte de um programa de integração – em que o dr. Norberto Odebrecht, à época presidente do grupo, falava sobre a forma de a empresa ver os negócios.

"É incrível como pessoas do nível do dr. Norberto veem a questão *tempo* no mundo dos negócios. Eles valorizam o tempo. Entendem que o tempo é um ativo de grande importância e irrecuperável quando perdido. Por isso, decidem logo. Fazem as coisas mais fáceis, transparentes", diz Cox.

Ele aprendeu muita coisa nessa empresa e ressalta uma delas: é muito mais importante descobrir "o que" está certo do que "quem" está certo. "A Odebrecht é uma empresa que acredita nas pessoas porque as pessoas acreditam na Odebrecht", reforça Cox.

Mesmo tendo ingressado numa empresa como a Odebrecht, a inquietude de Cox o levou a criar um negócio próprio em parceria com um grande amigo. Na época a inflação era galopante e todos buscavam formas de se proteger. O cenário o inspirou, e ele teve a ideia de criar uma empresa gestora de recursos de nome Business. O projeto teve início por meio da captação de recursos de amigos para aplicação no *overnight*. O conceito, hoje mais bem compreendido até por Cox, era o mesmo dos fundos de investimentos, ou seja, agrupar investidores numa só carteira para obter melhores resultados. As "sacadas" de *marketing* também começaram a surgir nessa época. Por meio de um acordo com o jornal A *Tarde* de Salvador, a pequena empresa de Cox preparava uma resenha econômica em troca de poder assiná-la todos os dias no Caderno de Economia e Negócios do jornal. O resultado dessa mídia – gratuita – atraiu vários investidores à Business. "Afastei-me do negócio por conta de compromissos da Odebrecht fora da Bahia, mas meu sócio seguiu e ganhou muito dinheiro", recorda-se Cox.

Depois de uma grande reflexão sobre seus caminhos profissionais, ele toma a decisão de sair do Grupo Odebrecht e em abril de 1999 assume a vice-presidência de Finanças e a diretoria de Relações com Investidores da Telemig Celular Participações S/A e Tele Norte Celular Participações. Posições que mais tarde, com a saída de Marcio Kaiser, acumulou com a presidência da Telemig Celular e da Amazônia Celular. Muitos foram os desafios nesse período.

Cox, entre outras coisas, conseguiu reduzir a inadimplência da empresa de 26% para cerca de 3%. Além disso, implantou um forte plano gerencial com o qual o EBITDA das empresas saltou de R$ 520 milhões para R$ 665 milhões, tornando a Telemig uma das empresas de telefonia móvel mais lucrativas do mundo, ao alcançar margens de EBITDA superiores a 50% em alguns trimestres. Na ocasião, também equilibrou financeiramente a Amazônia Celular e aumentou a base de clientes de 2,6 milhões para 3,6 milhões, reduzindo o *churn* (troca), apesar do aumento da concorrência. Ele ainda recolocou a marca e implantou uma nova cultura voltada ao talento e à excelência. "Quando assumi a presidência, recebi como principal desafio aumentar o resultado e a base de clientes, mesmo enfrentando uma situação de forte aumento da concorrência. Naquele momento era fazer ou fazer! E fizemos. Conseguimos unir eficácia com eficiência e viramos uma empresa modelo para o setor", lembra Cox.

A experiência em lidar com sócios, proveniente dos 13 anos de Odebrecht, auxiliaram muito a Cox com a difícil tarefa de conviver e harmonizar sócios e comportamentos tão diferentes quanto os da Telemig. "Acho que os sócios, em conjunto ou isoladamente, me viam como solução e não como defensor desta ou daquela bandeira. Lembrava-me do ensinamento da Odebrecht: não importa quem está fazendo, mas sim que esteja fazendo o que é certo", explica Cox.

Mais uma vez o bichinho empreendedor mordeu Cox e em 2004 ele deixa a Telemig para criar a Cox Advisory. "O nome não era lá muito criativo, mas refletia bem a empresa que no fundo era eu" brinca Cox. A ideia da nova empresa, como o nome já diz, era atuar na área de investimentos com mandatos para transações de fusão e aquisição, além de prestar serviços financeiros e de consultoria. Um dos primeiros contratos da nova empresa foi para o empresário José Safra e envolvia a saída de Safra de uma operação na área de telefonia. O resultado da operação, se comparado a outros envolvidos, foi um grande sucesso. Fruto das movimentações da Cox Advisory e de olho num novo negócio, Cox estava de partida para a Itália quando recebeu um chamado de Daniel Raggi – CEO da *holding* Claro e que acumula a presidência da operação no México. Era um convite para dar continuidade a uma proposta da Cox Advisory. Como viajara com a esposa, deixou-a no hotel e foi ao encontro de Raggi. Cerca de 40 minutos depois regressa ao hotel e comunica à esposa: quando voltarmos, vou dirigir a operação da Claro no Brasil. Esse pequeno período de tempo foi o suficiente para Cox entender que em seu "projeto de formação" o desafio Claro significaria muito mais que um mestrado.

Em apenas três anos comandando a Claro, seus números provam que a decisão foi acertada. Quando assumiu a empresa, ela era a pior operação do setor do Grupo de Carlos Slim. Hoje, está entre as mais importantes e exporta marca e eficiência.

A empresa ganhou 20 milhões de novos clientes e reduziu sua distância da concorrente Vivo de 18 pontos percentuais para menos de 4 pontos. Apresenta, nos últimos três anos, crescimento superior ao do mercado com uma carteira de pós-pagos superior à concorrência. A tecnologia 3G, aposta de Cox, hoje cobre 360 cidades e atinge 100 milhões de pessoas. A Dell, do bilionário empresário Michael Dell, escolheu apenas duas operadoras no mundo para serem parceiras no ingresso ao setor da telefonia celular. Mais uma vez lá estava Cox à frente do projeto para o Brasil. Em novembro de 2009, a Claro anunciou o lançamento no Brasil do aparelho Mini3i, que utiliza a tecnologia Android do Google e promete incomodar a liderança do iphone.

Cox cita um livro que recomenda a muitos: *As leis do triunfo*, de Napoleon Hill. O livro traz o resultado de uma pesquisa de cerca de 20 anos, com empresários de sucesso, sobre as atitudes que levam uma pessoa a triunfar. A obra é composta por 16 lições que ensinam como ser bem-sucedido em vários ramos de atividade. Partindo da premissa de que o sucesso é determinado pelo esforço individual, o autor mostra que, para triunfar, é preciso saber induzir os outros à cooperação de maneira hábil e inteligente. "O livro é antigo, do início do século passado, mas ainda continua válido" pondera Cox. Essencialmente: os pontos comuns entre as pessoas com sucesso eram:

1. associação com outras pessoas com o mesmo perfil de pensamento;
2. objetivo principal definido;
3. confiança em si próprio;
4. hábito da economia;
5. iniciativa e liderança;
6. imaginação;
7. entusiasmo;
8. autocontrole;
9. hábito de fazer mais do que a obrigação;
10. personalidade atraente;
11. pensar com exatidão;
12. concentração;
13. cooperação;
14. fracasso;
15. tolerância;
16. fazer aos outros o que deseja que seja feito a você mesmo.

Para arrematar, Cox coloca que, para ele, o melhor executivo ainda é aquele que vê o negócio como seu; que não tem medo de arriscar; que não leva a vida pensando e analisando o que pode dar errado se fizer uma ou outra coisa, enquanto deveria buscar soluções efetivas, criativas e vencedoras."Muitos executivos mudam a cabeça quando passam pela porta da empresa. Mudam a personalidade, a forma de ver a vida. E, repito, empresário gosta de quem pensa como empresário", reafirma Cox.

o empreendedor que virou executivo, via WEB

Paulo Castro

CEO do Portal Terra para o Brasil

"Lendo uma revista no avião descobri o caminho para a Nutec: franquias..."

Paulo Castro nasceu em 18 de julho de 1966, em Porto Alegre, Rio Grande do Sul. Em meio a muito churrasco, chimarrão e vinho, nunca poderia pensar que sua vida seria guiada pelo mundo virtual, e não pelo físico. Seu pai, Roberto Castro, era engenheiro de formação e empreendedor por vontade. Empreendedorismo esse que herdou do avô de Paulo – sr. Joaquim. "Meu avô já tinha mídia nas veias. Na Copa de 50 comprou alto-falantes, instalou-os num carro e andou por Porto Alegre transmitindo os jogos. Depois teve emissoras de rádio e até uma loja de eletrônicos de nome A *Radiolar*", recorda-se Castro.

Sua mãe, Márcia Castro, advogada de formação, dedicava-se mais ao setor público. Desde os 14 anos trabalhava com o pai fazendo de tudo um pouco. Sofria, no bom sentido, forte pressão para também se dedicar à engenharia. Estudou até a sexta série no Colégio Rio Branco. De lá seguiu até o término do ensino básico no Colégio Rosário. O Rosário foi fundado em 1904 pelos irmãos Louis-Bernard e Ambroise-Michel a pedido do padre Hipólito Costabile. Nasceu nas dependências da Igreja do Rosário, em Porto Alegre. Começou num espaço muito acanhado e, por isso, em pouco tempo, foi transferido para diversos lugares provisórios. Aos poucos, a qualidade dos educadores e a maneira de fazer educação foram conquistando a cidade, e a procura aumentou rapidamente. É até hoje uma das escolas símbolo da região e da comunidade marista. Junto com os estudos, Castro ajudava seu pai como podia. Mas gostava mesmo era de computação. Ajudou seu pai a comprar e instalar os primeiros computadores que a empresa usou. Ao completar os estudos básicos, ingressou na faculdade para cursar engenharia elétrica na Universidade Federal do Rio Grande do Sul.

Com sede em Porto Alegre, a universidade é uma instituição centenária, reconhecida nacional e internacionalmente. Possui cursos em todas as áreas do conhecimento e em todos os níveis, desde o ensino fundamental até a pós-graduação. Como, na verdade, sempre quis computação, depois de três trimestres de elétrica Castro pediu transferência para o curso de computação na mesma universidade. Curso esse que era muito novo. Formou-se em 1988, na segunda turma, em menos de quatro anos, pois conseguiu utilizar créditos da fase de engenharia elétrica. Da graduação foi direto para a pós-graduação. Até 87 continuou trabalhando com o pai, mas decidiu ir ao mercado para estar mais perto da computação.

A separação do pai não foi das mais fáceis, por razões práticas e também afetivas. Mas era necessário alçar esse voo. Rapidamente se empregou na Altus. Brasileira e gaúcha, tem também em comum com Castro o fato de ter como berço e referência a Universidade Federal do Rio Grande do Sul. Atuando globalmente, a Altus é líder no País dentre as empresas que utilizam tecnologia própria no setor de automação e controle de processos industriais. Com operações na Argentina, Alemanha e USA, a Altus participa da WAA (World Automation Alliance) por meio de redes mundiais de empresas que se unem para oferecer soluções globais aos seus clientes e lançar produtos inovadores, com parceiros na Índia e República Tcheca, para onde exporta e importa produtos. O foco da empresa é possuir um completo *mix* de produtos de automação e a integração de sistemas, com ênfase nas áreas de óleo e gás e de energia elétrica, oferecendo soluções completas de classe mundial via investimentos sistemáticos em PD&I, parcerias estratégicas, interações com universidades e centros de pesquisa. Por conta da relação da Altus com a universidade, Castro teve o privilégio de, em 1989, instalar a primeira *workstation* e de fazer a primeira conexão do *campus* com a internet.

De 87 a 89, fruto do mergulho no mercado de computação que a Altus lhe oferecera, não tinha mais dúvida: aquele era o negócio dele. "Na Altus, fui pesquisar um bom editor de texto e me deparei com uma empresa chamada Nutec, de Marcelo Lacerda e Sergio Preto. Era, aliás, o carro-chefe da empresa, recém-criada", lembra Castro. Ele e mais cinco companheiros de Altus faziam turno duplo: trabalho mais pós-graduação. Então decidiu dedicar-se mais aos estudos e se deu ao direito de só estudar, mas por um curto período. No final do ano, encontra Marcelo Lacerda caminhando pelas ruas de Porto Alegre. Papo daqui, papo de lá, confidenciou a Marcelo que já estava cansado de não trabalhar. E o convite foi imediato: vem pra Nutec! E Castro começa a trabalhar na empresa, que, de certa forma, é sua empresa até hoje. Tendo como um dos maiores clientes a Edisa, Castro envolve-se direto com projetos entre as duas empresas, focando automatização de escritórios. A Edisa, já integrada à HP, bancou esse projeto de expansão para outros países. Isso levou também a Nutec a montar seu escritório americano em Mountainville, no Vale do Silício. Entre 92 e 94, a vida de Castro foi dividida entre o Brasil e o maior polo de tecnologia que existia no mundo naquele momento. Ele participa pela Nutec do consórcio Display Industry Association, visando a criar um padrão de mercado para terminais gráficos. Isso foi o que levou a Nutec, por consequência Castro, à internet. A necessidade de conectividade fez com que eles se conectassem aos EUA via Universidade de Porto Alegre, por acesso discado. Segundo ele, uma verdadeira luta. "Os sinais, os *e-mails* e tudo mais saíam da universidade para a Rede Nacional de Pesquisa e de lá para a internet. Só em meados de 93 conseguimos uma conexão dedicada", conta Castro. Dos EUA lançavam e gerenciavam produtos vendidos no Brasil.

Em 1994, ele torna-se sócio da Nutec no momento em que a empresa busca aporte do BNDESPAR e se torna uma S.A. O BNDESPAR é uma empresa de propriedade do BNDES, criada para administrar participações em diversas empresas, de diversos ramos. Pouco mais tarde, ingressa também na sociedade a CRT – Companhia Riograndense de Telecomunicações.

Nesse momento surge o interesse pela internet comercial no Brasil. A Nutec tinha, em 94, criado um *browser* (navegador), multiusuário, que navegava na internet. Por ser uma empresa brasileira que exportava *softwares*, estava credenciada no Sofitex – um programa do Ministério da Ciência e Tecnologia com o Ministério do Desenvolvimento. Um executivo do Sofitex recomenda a Nutec à Embratel para desenvolver a internet comercial para ela. Assim, no final de 94 a Embratel lança sua internet. O mundo já migrava para PCs e o conceito multiusuário começava a definhar. Por um acordo com a Spry, empresa de Seatle, USA, passam a distribuir, principalmente aos clientes Embratel, o "internet in a Box". Como o próprio nome já diz, o produto era mesmo uma caixinha cheia de disquetes que continham ferramentas específicas como *browser*, correio eletrônico, FTP entre outros. "A Embratel, na época, por ter uma enorme lista de espera de usuários para internet, cadastrou e deu prioridade a formadores de opinião, jornalistas, artistas e empresários de porte, o que foi muito bom para nós, pois quem queria fazer bom uso da internet tinha de adquirir nosso produto, o que consolidou nossa imagem. Nos primeiros meses de 95 já tínhamos algo como 4 mil ou 5 mil clientes usuários de internet. Por fatos como esse, fomos chamados por bancos, empresas de mídia e muitas outras para ajudá-los nos processos de internet", acrescenta Castro.

Em meados de 95, o então ministro das Telecomunicações, Sérgio Mota, vendo que a internet era livre no mundo e que o mercado de telecomunicações no Brasil estava sendo privatizado, baixou uma portaria organizando o sistema, definindo os papéis e criando os provedores privados de internet. E a Nutec já estava preparada para fazer isso. "No feriado de primeiro de maio, fui à Argentina com família e amigos. No aeroporto comprei uma

Exame que tinha na capa uma matéria completa sobre o sucesso do Habib's. Devorei a revista no voo e tive a certeza de que essa era uma grande saída para nós. Ao voltar para o Brasil, perguntei ao Marcelo Lacerda: se um cara consegue vender tanta esfiha por franquia, por que a gente não conseguiria vender também a nossa internet? E deu certo!", brinca Castro com suas recordações.

Mas como fazer um modelo de franquia sem mesmo ter um master-franqueado? Empreendedor é assim: ousado. Pouco depois ocorreria a Fenasoft, que na época era o que poderíamos chamar de "o evento" de tecnologia. Pois bem, Castro e seus sócios montaram um bom estande dividido entre a Nutec e a nova Nutecnet e abriram espaço para o credenciamento a franqueados. "Na época, um desafio sem controle. O maior capital que um franqueado poderia ter eram linhas telefônicas. Um ativo que, naquela época, valia ouro. Por isso, nossa rede não tinha a menor lógica. No final de 95 tínhamos cerca de oito franqueados espalhados, por exemplo, em São José do Rio Preto, Blumenau e Cuiabá", lembra Castro. No ano de 96, em função de maior aproximação com a área de mídia, surgiu a RBS pelas mãos de Silvia de Jesus. A RBS sempre foi precursora e inovadora e, nessa ocasião, já buscava entender o movimento da internet. Fez uma proposta e tornaram-se sócios da Nutec visando a montar um bom portal. "Estamos falando de 96. A revista americana *Wired* acabara de criar o padrão *banner*, hoje já questionado e ultrapassado. Uma ideia para expansão de franquias, tendo como sócio a RBS, foi a procura e oferta a grupos de mídia. Com isso, o projeto ganhava mais músculo, mais conteúdo regional e comunicação à vontade. Nessa época já éramos ZAZ", explica Castro.

Por volta de 97/98, surgem fortes empresas como UOL e AOL e o modelo de negócio voltava a incomodar os inquietos sócios da Nutec. Todo o negócio era baseado numa rede de franqueados e continuava precisando de capital intensivo para progredir. Em 99, quando a Telefonica ingressou, o modelo de negócios já contemplava 80 franqueados que cobriam 150 importantes cidades brasileiras. O modelo crescia a taxas superiores às do mercado. No final do primeiro semestre de 99, a Telefonica conclui o negócio e ficou sócia do ZAZ. A origem do ZAZ/Terra se confunde com a própria história da internet na América Latina. Na época, muitos que eram franqueados desde a origem, venderam muito bem suas participações. Com o ingresso da Telefonica, Castro e os demais sócios minoritários deixam a sociedade. De empreendedor, passa a executivo com muito orgulho. Ele mantém-se na estrutura, focado num primeiro momento na área de comércio eletrônico e mais tarde em planejamento estratégico e novos negócios. Com a empresa consolidada foi possível ir ao IPO. No final de 99 a empresa vai a mercado por US$ 13 e chega no mesmo dia a US$ 41. No primeiro ano do IPO, a ação chegou a bater na casa dos US$ 140. Era a "bolha" em pleno vapor. Porém, ainda em 99, duas novas variáveis no mercado. A primeira, o ingresso do IG – a internet grátis – com o publicitário Nizan Guanaes à frente. Naquela época, entrevistei Nizan para o livro *Vivendo, ensinando e aprendendo*. Ele não é um cara de meias palavras, nem de mais ou menos. Baiano, taurino e formado em administração pela Universidade Federal da Bahia, começou sua carreira aos 18 anos, como estagiário de publicidade na DM de Duda Mendonça. Aos 43 anos e com 20 de publicidade, Nizan resolveu se reinventar ingressando no mundo *web*. Ele queria, a partir da internet, criar um modelo de negócio. E o fez com grande sucesso!

Nessa época, o grupo de Castro, centrado fortemente em venda de acesso, tinha pela frente um novo cenário. Chegaram a investir num produto grátis, mas logo desistiram entendendo que não poderiam dessa forma ofertar bons serviços e que o mercado logo perceberia as limitações do serviço gratuito.

A segunda variável, veio a se tornar uma oportunidade: a banda larga. Com isso, o Terra passou a ter maior foco em conteúdo. Sempre inovador, o Terra inaugura no final de 2000 um estúdio de TV nos moldes dos melhores estúdios de *broadcasting* do País, tendo à frente nomes como o da jornalista Lillian Witte Fibe.

"Entendemos que a banda larga era o futuro e propiciava a entrega de conteúdo e de serviços relevantes aos assinantes. E que os usuários mais pesados pagariam por isso", lembra Castro. Em pouco tempo, por volta de 2003, o Terra já era a maior empresa de internet do País.

Em novembro de 2005, Castro assume a presidência no mesmo momento em que Fernando Madeira é alçado à posição de CEO Latam. Muitos são os desafios e também as oportunidades que ele enfrenta. Entre as oportunidades e, por uma ironia do destino, lidera o processo de compra da carteira comercial da AOL, empresa que no passado tinha sido alvo de grandes preocupações.

O Terra de Castro é hoje uma empresa de internet e mídia digital com audiência mensal, somente no Brasil, de 45 milhões de visitantes. Reúne em um só lugar os conteúdos profissionais e amadores mais relevantes, oferecendo ferramentas de interatividade e uma experiência única de navegação.

Presente em 18 países, incluindo os Estados Unidos, o Terra América Latina é a empresa de internet líder na região, com portais na Argentina, Brasil, Chile, Colômbia, Costa Rica, Equador, El Salvador, Estados Unidos, Guatemala, Honduras, México, Nicarágua, Panamá, Peru, Porto Rico, República Dominicana, Uruguai e Venezuela. Sob o comando de Castro está hoje um time de 600 profissionais diretos e sua receita é balanceada entre acesso, conteúdo e publicidade.

Segundo Castro, ele nunca deixou de ser empreendedor, mesmo hoje em dia sendo um executivo de carreira do grupo. Empreender é o mesmo que fazer, segundo ele, mesmo na posição de CEO que não tira a mão da massa.

A entrevista com Castro foi bem no esquema web. *On line* e *off line*. Marcamos, mudamos, interrompemos. Ágil como a empresa que ele lidera.

de empreendedor rural a executivo da cultura

Ronaldo Bianchi

secretário-adjunto da
Secretaria de Estado da Cultura de São Paulo

"Não importa onde você esteja; o que vale é arregaçar as mangas e fazer..."

Embora eu conheça o Bianchi há um longo tempo, tenho de confessar que ao entrevistá-lo me surpreendi, positivamente, com vários momentos de sua vida e carreira. Ele sempre me contou suas realizações como sendo coisas banais. Simples mesmo. Mas acho que a história consolidada mostra algo diferente. A começar que, quando mal entrávamos no assunto e ele iniciava a falar de seus pais, tivemos de ir muito mais atrás remetendo a seu avô. Descobrimos uma história fantástica. História que se parece com a de muitos outros imigrantes europeus que vieram para nosso país. Seu avô, Samuel Bianchi, veio da Itália, de uma cidade na região de Milão, no final do século XIX, para auxiliar nos estudos da montagem do que viria a ser o bondinho do Pão de Açúcar, no Rio de Janeiro. Um verdadeiro símbolo nacional. Na Europa, seu avô trabalhava com *trollers* de esqui, que em funcionamento guardavam muita semelhança com o pretendido para o Rio, cujo estudo data de 1895. Samuel deu então aulas na Universidade de Engenharia do Brasil e foi mais tarde reconhecido como doutor *honoris causa* por esse esforço e trabalho. Durante esse período, ele foi convidado pela família Dumont – que era dona da Fazenda Santa Amália (também conhecida como Fazenda Dumont) na região de Ribeirão Preto –, a trabalhar na manutenção de equipamentos ferroviários. A fazenda pertencia a Henrique Santos Dumont, pai de Alberto Santos Dumont, que nela cresceu, brincando com filhos de escravos e pilotando locomotivas Baldwin. A sede era na casa onde hoje é a prefeitura do município de Dumont, a oeste de Ribeirão Preto. A propriedade incorporava outras fazendas ou regiões, chamadas à época de Palmital, Cascavel, Boa Vista e Sertãozinho (esta, na atual cidade de Sertãozinho), entre outras. Entre 1870 e 1890, era uma das maiores fazendas de café do mundo. Em 1890, a Mogiana construiu a E. F. Dumont, que foi vendida à fazenda em 1891, conhecida como "ramal de Dumont". A ferrovia tinha bitola de 60 cm. Eles levavam de trem o café do campo até o porto de Santos. Tudo de forma integrada.

Samuel vai para a Itália, casa-se com uma prima, e volta para assumir o posto na fazenda. Depois de um tempo lá instalado, percebe que poderia desenvolver um negócio próprio e não se limitar ao atendimento de só uma fazenda. Resolve então chamar os irmãos e membros da família Zani que estavam na Itália e abrir a oficina Bianchi e a Fundição Zani, ambas em Ribeirão Preto. Em 1919, Samuel decide montar um negócio sozinho e abre uma nova oficina, só com os filhos, em Bebedouro, Estado de São Paulo. "Os problemas com café e a necessidade de buscar serviços em outros lugares fazem com que eles se mudem para São Paulo confiantes da industrialização e crescimento da cidade", conta Bianchi. Em 44, ele rompe com os irmãos e monta a Laminação Guarani de Alumínio, visando a maior escala e contemporaneidade. Em 54, morre Samuel. Cesário, pai de Ronaldo Bianchi, assume o negócio até também falecer em 78. Nesse ano, o filho entra para valer nessa história. Volta a tocar os negócios da família com um dos irmãos. Ele havia, até então, feito seus estudos em bons colégios de São Paulo. Havia também cursado Administração Pública na

FGV em São Paulo e se formado em 76. No período de faculdade, Bianchi dedicava-se à vida acadêmica, dava assistência aos professores, porém sempre acumulou uma assistência a seu pai, nos fins de semana.

"Trabalhava na FGV de manhã, estudava à tarde e ia nos fins de semana ia para a fazenda da família em Itatinga, SP, onde produzíamos prioritariamente mexerica-poncã. Tínhamos também gado, feijão e hortaliças. Era uma delícia. Trabalhando no campo, você vê as coisa acontecerem", recorda-se Bianchi. Quando já estava quase formado na FGV, dois professores o convidaram a iniciar a Fundap. Criada pela Lei nº 435, de 24/9/74, a Fundap teve seus estatutos aprovados em 1976, data de sua efetiva instalação e do início de seus trabalhos. Atualmente vinculada à Secretaria de Gestão Pública do Estado de São Paulo, goza de autonomia técnica e constitui um elo entre a administração pública e as instituições universitárias. Seu Conselho de Curadores é composto de representantes das principais entidades do mundo acadêmico paulista e brasileiro. Suas diretorias são ocupadas por profissionais com comprovada experiência administrativa e formação teórica avançada.

Em 78 Bianchi deixa a Fundap para assumir a empresa da família. Lá vive todos os sabores e dissabores do empreendedorismo, numa empresa média e familiar. Inflação alta, falta de capital, sindicatos, lutas de poder fazem parte da vida de Bianchi por 19 longos anos. Em 96, cansado, decide fechar o negócio da família e largar o empreendedorismo. Ele recorre então às amizades da Fundap e é indicado, por Dalmo do Vale Nogueira Filho, a uma posição de gerente-administrativo no Memorial da América Latina. Bianchi depara-se então com dois grandes e distintos desafios: arrumar a central telefônica e montar um concurso público para oficializar os quadros do equipamento. Inquieto, vê que aquilo era pouco e decide investir na área de captação de recursos na iniciativa privada. Monta projetos e vai à luta. Como resultado, levanta verbas para várias reformas e atualizações no Memorial.

Em pouco mais de quatro meses tudo já estava andando. "Se tem uma coisa que não entendo é por que às vezes as coisas não andam. É só arregaçar as mangas e fazer", acrescenta Bianchi. Quando foi a campo fazer as pesquisas para o concurso, conheceu Walter Feltran, diretor do Instituto Itaú Cultural. Feltran, no final do ano de 97, o indica a Milu Vilela para assumir a superintendência do Museu de Arte Moderna de São Paulo (MAM), por ela presidido. O museu foi criado em 1948, pelo industrial e mecenas ítalo brasileiro Francisco Matarazzo Sobrinho (Ciccillo Matarazzo) e sua esposa, a famosa aristocrata paulista Yolanda Penteado. O MAM foi um dos primeiros assentos institucionais da produção artística modernista no País.

O modelo museográfico foi o do MoMA de Nova York, então presidido por Nelson Rockefeller, que deu instruções e obras para a nova fundação. Fabio Magalhães, que dirigia o Memorial, e portanto tinha trabalhado direto com o Bianchi, o incentiva muito a ir para o MAM baseado na recente experiência conjunta. Bianchi havia passado com louvor num concurso público para trabalhar na Fundação para o Desenvolvimento da Educação (FDE) e tinha receio de trocar o que julgava certo pelo incerto. Criada em 1987, a FDE é responsável por dar viabilidade à execução das políticas educacionais definidas pela Secretaria da Educação do Estado de São Paulo, implantando e gerindo programas, projetos e ações destinadas a garantir o bom funcionamento, o crescimento e o aprimoramento da rede pública estadual de ensino. De primeira mão, Bianchi não aceita a proposta. Mas Milu insiste e faz uma boa oferta Aí, começa para valer sua vida no mercado cultural. Ele entra de cabeça no MAM atuando no básico, como conciliação bancária, na estratégia, nos cursos, na apuração de pontos fortes e fracos, na criação do restaurante, dos núcleos e tudo o mais. "Acredito que, mesmo você sendo um executivo – e não necessariamente o primeiro executivo – as coisas só dão certo se você trata de tudo como se aquilo fosse seu" pondera Bianchi.

Um dos grandes pontos fortes do MAM era o relacionamento e por conta disso os programas foram redirecionados e valorizados num novo enfoque. Um grande movimento foi conseguir, em 2001, por meio de uma emenda de bancada recursos do governo. Nesse movimento conseguiram R$ 5 milhões para o MAM. Quando Bianchi entrou, poucas empresa apoiavam o MAM, o que resultava num caixa da ordem de R$ 1.4 milhão/ano, concentrado nas doações do Itaú. Quando Bianchi saiu, o número era bem diferente. O MAM – entre cursos, associados, doadores e locações – perfazia mais de R$ 9 milhões/ano e reduziu a dependência do Itaú. Nesse período, Bianchi já acumulava a posição de superintendente no MAM com uma diretoria-executiva no Itaú Cultural – onde ficou até 2005. "Na época, comprei uma moto para facilitar minha vida, subindo e descendo o trânsito dos Jardins. Além disso, consegui uma boa estafa", lembra Bianchi, com bom humor. Mas, para ele, a grande virada veio mesmo com a intervenção de Claudio Galeazzi. "No final de 2004, Roberto Teixeira da Costa, membro do Conselho do MAM, trouxe a Galeazzi & Associados para fazer uma reestruturação total na instituição. "De cara, o Galeazzi bateu de frente comigo e com a nossa equipe. Imaginou que a instituição estivesse quebrada. Porém, ao sentir segurança, apostou na gente para a grande virada", conta Bianchi. Ele mostrou a Galeazzi que o MAM sofria do que chamava internamente de uma "anemia", mas tinha as contas em dia e fôlego para mais quatro ou seis meses de caixa.

Bianchi, amparado por Galeazzi, traz à tona propostas já elaboradas, mas ainda não implementadas. Entre elas estão o conjunto de mantenedores com apoios mais fortes, da ordem de R$ 500 mil cada. O conjunto de iniciativas, tendo Galeazzi não como um consultor, mas como um diretor atuante – e Bianchi como líder de projeto, trabalhando juntos numa mesma estratégia – rendeu ao MAM mais de R$ 4.5 milhões no ano. Para Bianchi, o período com Galeazzi foi um grande treinamento. Muitas das boas práticas de administração e estruturação que Bianchi emprega hoje vieram desse trabalho.

Em 2005, ele conversa novamente com Milu. Queria mais desafios. Sentia que estava apenas "fazendo mais do mesmo". Mas a posição era clara: o MAM ia muito bem, mas nada de grande ou mais importante estava para acontecer. Em 2006, ele é indicado a João Sayad – secretário da Cultura nomeado por Serra – para uma conversa sobre a cultura no Estado. Na época, Bianchi ocupava a presidência da Comissão de Avaliação das Organizações Sociais. Isso dava a ele uma boa fotografia dos maiores problemas da área. Sayad o convida então a colaborar com a Secretaria e ele se candidata a secretário-adjunto. Sayad o questiona sobre largar os salários do MAM e Itaú pelo da Secretaria. A resposta veio do seio da família: "Como dizia meu pai, eu não me chamo dinheiro... Poderia ter posição e remuneração muito maiores no mercado, mas trabalhar com o Sayad na Cultura me encantou. Seria uma experiência única", diz Bianchi. Ele só pede a Sayad para falar com Milu e Alfredo Setúbal. Embora o desejo fosse forte, a fidelidade aos dois era muito grande. Ambos aceitam, com certo pesar. Desde dezembro de 2006, Bianchi vem procurando fazer na Secretaria aquilo que mais sabe fazer: trabalhar duro. Aprende a lidar com os vários ângulos do negócio: museus, patrimônio, formação, fomento e difusão.

Quando questionado sobre as grandes diferenças entre o executivo do setor privado e o do setor público em sua área, ele elege a amplitude de assuntos. Segundo ele, no ambiente privado existe muito mais resguardo, mais resistências. No público, você tem melhores meios de fazer uma política mais profunda. "Fazer por exemplo uma exposição sobre o período da ditadura, no ambiente privado seria muito difícil, quase impossível. Quem apoiaria?", destaca Bianchi. Ainda segundo ele, tanto no ambiente público como no privado, tudo se resume a uma boa liderança. Sayad é um líder. Tem autonomia. É um executivo que faz. Mesmo assim, a máquina pública ainda é mais lenta, as concorrências são demoradas, complicadas. Isso emperra um pouco todo o processo.

Museu do Futebol, Espaço Cultural da Ciência, Biblioteca de São Paulo, Fábricas de Cultura, Museu de Arte Contemporânea, Virada Paulista, Teatro da Dança e tantas outras realizações só foram possíveis porque a Secretaria tem uma clara estratégia, um bom plano diretor, faz as revisões necessárias, segue orçamentos e acima de tudo tem gente comprometida com resultado.

Quando fiz a entrevista, Bianchi estava às voltas com a inauguração da Biblioteca de São Paulo. Situada no local onde funcionava a Casa de Detenção do Carandiru, na Zona Norte de São Paulo, a biblioteca estava para ser inaugurada em poucos dias. Com pufes coloridos e poltronas confortáveis, o novo espaço cultural, que ocupa um pavilhão de 4.257 m^2, foge do estereótipo da biblioteca pública com ar austero e lembra mais uma livraria moderna de grande rede. A inauguração, segundo Bianchi, marca a etapa final da mudança do lugar que chegou a ser o maior presídio da América Latina, com cerca de 8 mil presos e foco de constantes rebeliões e fugas. As transformações começaram em 2002, quando os primeiros pavilhões com as celas foram implodidos e deram origem, anos depois, ao Parque da Juventude. Dos sete pavilhões originais, somente dois foram mantidos e, depois de reformados, passaram a abrigar uma escola técnica.

Mesmo com todo o agito e a demanda desse projeto, Bianchi desligou um dos celulares e procurou fazer o mínimo de interrupções na nossa conversa. Isso mostra seu comprometimento. Isso mostra o seu jeito de ser e de fazer.

um executivo preciso

Salvador Parisi

country manager da Luxottica do Brasil

"O esporte sempre esteve à minha volta. Aprendi muito no basquete e uso esses ensinamentos até hoje..."

Salvador Parisi, como o próprio sobrenome já o sugere, nasceu em 9 de janeiro de 1957 no seio de uma família italiana, cercado pelas maravilhosas características dessa cultura. O mais velho de três, à época seus pais moravam na Rua Iguatemi, no final da Rua Joaquim Floriano, no Itaim, em São Paulo. Nela encontra-se a Casa Bandeirista, ícone paulistano em fase de restauro. Porém, dos tempos de Parisi para cá, a rua sofreu um grande encurtamento. Atualmente acaba no encontro da Praça Luis Carlos Paraná com a Rua Jerônimo da Veiga; antes se prolongava até o Largo da Batata, hoje trajeto da Av. Faria Lima.

Sempre foi motivado pela prática de esportes e dedicado aos estudos. Sem até hoje entender muito o porquê, foi fazer seu ensino básico no Colégio Visconde Porto Seguro, cursando o currículo em alemão. "Meu pai admirava a colônia alemã e se decidiu por isso. O Porto Seguro naqueles tempos não era no Morumbi; ficava na Praça Roosevelt, no final da Consolação", lembra Parisi.

O Colégio Porto Seguro tem uma longa história com São Paulo. Em 22 de setembro de 1878, Karl Messenberg, Bernhard Staudigel, Victor Nothmann, Ludwig Bamberg e Emil Preiss fundam a Aktiengesellschaft zum Betrieb einer Deutschen Schule, a sociedade mantenedora da Escola

Alemã. O objetivo deles era criar uma escola sem discriminação de religião, onde os filhos de alemães pudessem firmar e ampliar seus conhecimentos da língua e cultura alemãs, sem, no entanto, desambientá-los da terra em que viviam. A grande preocupação era a de mesclar culturas sem perda da origem. Superadas as dificuldades iniciais, a escola abriu suas portas para 52 alunos em 7 de janeiro de 1879. O chamado "Currículo B" do Porto, escolhido pelo pai de Parisi, exigia desempenho diferenciado de seus alunos, que deviam cumprir dois currículos reciprocamente adaptados. Esse fato determinava também uma carga horária semanal mais elevada que a usual na Alemanha. Talvez aqui tenha começado esse perfil, digamos, "mais preciso" de Parisi. Estava numa escola estrangeira, que não guardava semelhança ou relação com a sua língua materna, nem tampouco com a alegria e a descontração da cultura italiana. Mas, pouco a pouco, foi vencendo as dificuldades do idioma e de relacionamento, sempre muito ajudado por uma outra companhia recorrente em sua vida: o esporte.

Fez ginástica olímpica, judô, mas o que realmente lhe falou mais alto foi o basquete. Italiano de origem familiar, jogou em equipes como o Esporte Clube Pinheiros e o São Paulo. Mas foi mesmo desenvolver-se no Palestra Itália, ou seja, no bom e velho Palmeiras, onde ficou por quase oito anos. O departamento de "bola ao cesto" da Sociedade Esportiva Palmeiras foi fundado em 1923, pelos associados Nicolino Spina e Estevam J. Stratta, os quais foram grandes pioneiros e mentores no desenvolvimento deste esporte, não apenas no clube, mas em todo o país no início dos anos 20. Esse foi o segundo esporte coletivo a ser introduzido no Palmeiras, atrás apenas do futebol, que já militava com grande prestígio no cenário esportivo. A grande retomada ao primeiro escalão do basquete ocorreu no fim da década de 1950, fruto de um trabalho árduo das diversas diretorias, mantendo-se num patamar de excelência até o início dos anos 80. Durante esse período, venceu os principais títulos que disputou e revelou inúmeros atletas de destaque nacional tais como Carioquinha e Oscar.

Só como curiosidade, esse autor também jogou basquete no Palmeiras e, quase na mesma época de Parisi. Tivemos alguns colegas em comum. Outro ponto que nos une é a posição: dois armadores, ambos com menos de 1,80 m, o que para esse esporte é fora dos padrões. "Ter sido armador e ter jogado muitos anos com diferentes equipes me ensinou muita coisa que carrego comigo até hoje. O armador é aquele cara que prepara o ponto, sabe dividir, trabalhar em conjunto. De nada adianta você colocar numa quadra 5 estrelas, cinco caras que sabem fazer ponto. É a harmonia, a complementaridade do time que traz o bom resultado", afirma Parisi. Com a influência do pai de um amigo da época, David Neeleman (fundador da JetBlue) e, pela boa performance no basquete, foi estudar nos Estados Unidos como bolsista. Ingressou na Brighton High School in Cottonwood Heights,Utah, localizada a cerca de dez milhas de Salt Lake City. Uma vez lá, fez a continuidade de seus estudos cursando Engenharia Mecânica na University of Utah. A instituição faz parte do que há de melhor no sistema de ensino de nível superior de educação do Estado de Utah e foi elencada como uma das 50 melhores universidades dos Estados Unidos em 2008. Inquieto, e sempre com vontade de aprender mais, cursou em paralelo aquilo que os americanos chamam de "minors", nas disciplinas administração de empresas e alemão. Ganhou prêmios, destacou-se pelo seu desempenho, sempre preciso e focado. Marca registrada de Parisi que, sem sombra de dúvida, veio também pelo esporte. Em função do excelente desempenho educacional, recebeu uma bolsa de estudos para cursar a pós-graduação em Engenharia Nuclear no Califórnia Institute of Tecnology. O Instituto de Tecnologia da Califórnia (usualmente conhecido como Caltech) é uma universidade privada, localizada em Pasadena, no Estado da California. Sendo uma das primeiras universidades do mundo em pesquisa, a Caltech mantém uma forte ênfase e tradição nas Ciências Naturais e Engenharias. Ela também possui e administra o Laboratório de Propulsão a Jato (Jet Propulsion Laboratory, o JPL), que é um complexo autônomo de voos espaciais, responsável pelo projeto e operação da maioria das sondas da Nasa.

No período de escola, e mesmo sendo bolsista, não conseguia ficar parado. Fez de tudo um pouco. Foi monitor, assistente de professores, trabalhou em lanchonetes, restaurantes e até em uma fazenda. Era curioso e cheio de vontade. E foi seu currículo e essa postura que chamaram a atenção da DuPont, possibilitando que Parisi voltasse ao Brasil empregado. Ou melhor: muito bem empregado. A DuPont é uma empresa americana, a segunda maior em química do mundo (depois da Basf) em termos de volume de capital, e a quarta (depois da Basf, Dow Chemical e Ineos) em termos de receita. Tem sua sede em Wilmington, no Estado do Delawere. Foi fundada em julho de 1802, pelo francês Eleuthère Irénèe du Pont como uma fábrica de pólvora.

É amplamente conhecida por sua tecnologia avançada, sua grande variedade de produtos, assim como por sua liderança no campo da pesquisa em ciência e tecnologia. Sua linha de atuação abrange produtos químicos, fibras, polímeros, produtos agrícolas, entre outros. A DuPont desenvolveu e patenteou diversos produtos importantes, como o *nyolon*, Lycra, Teflon e o Kevlar.

A empresa é reconhecida como líder mundial em segurança industrial, saúde ocupacional e proteção ao meio ambiente, que são partes integrantes da excelência dos negócios. Sua política de interação com a comunidade é também um dos pontos fortes que caracterizam a empresa. E foi para essa área que Parisi foi trazido. Cuidava do controle da energia para as diversas plantas e da relação da empresa com o meio ambiente. Por esse envolvimento, foi convidado a compor um time que desenvolveria um novo negócio para uma das divisões da empresa: a Polidura. Tratava-se de uma linha de tintas para ambientes corrosíveis. Mas, diferentemente de outros produtos da Dupont, este era um *turn-key*, ou seja, a DuPont por meio de terceiros fazia tudo. Produzia, vendia e implementava. "A DuPont foi uma excelente escola. Uma empresa americana, cheia de crenças e valores. Investia muito nos seus funcionários, dava oportunidades, reconhecia. Foi excelente ter voltado pelas mãos da DuPont onde fiquei por mais de oito anos", conta Parisi.

Da boa experiência da DuPont vai para a Brastubo onde fica por pouco mais de dois anos. A empresa é também uma prestadora de serviços que realiza aplicações de revestimentos anticorrosivos e de isolante térmico em tubulações enterradas, submersas, aéreas, gasodutos, adutoras e minerodutos.

Mas o esporte não quis que Parisi continuasse no ramo. Em 92, ele fazia mestrado na Escola de Administração da USP e focava sua tese no *marketing* esportivo, um tema inovador para época. Por conta de amizades do Clube Pinheiros, Parisi é indicado a dirigir a Wilson, uma empresa de materiais esportivos que fabrica acessórios de tênis, *badminton*, basebol, basquetebol, *softball*, futebol americano, golfe, futebol, *squash* e voleibol. É filiada à Amer Sports, da Finlândia.

Ficou bastante conhecida a partir do tênis – é claro que o filme "O Náufrago" deu uma bela ajuda: uma bola da empresa contracena com Tom Hanks e se torna quase um ator coadjuvante, digno de um Oscar. A empresa, que além de confeccionar bolas e raquetes, patrocinou Pete-Sampras, um dos maiores jogadores de todos os tempos nesse esporte e o tenista com maiores números de Grand Slam, Roger Federer. Em1979, as bolas da Wilson começaram a ser usadas nos jogos do US Open. Em 2006, iniciou-se seu uso no Australia Open.

A Wilson também é uma das marcas mais conceituadas no golfe e no futebol americano como fornecedora de material esportivo oficial da NFL desde 1941.

Nos anos 2000, a Wilson ingressa no futebol do Brasil ao desenhar os uniformes de A.D. São Caetano/SP, C. Náutico Capibaribe/PE, Ceará S.C./CE, Paysandu S.C. e São Raimundo/AM. E em 2007 fecha patrocínio de uniformes com o Franca Basquetebol, com a A.D. Cabofriense/RJ e com o Grêmio Esportivo Brasil de Pelotas/RS, entre outros.

A Wilson foi para Parisi a primeira experiência 360º como gestor. Um *start-up* completo. Sair de uma representação para uma operação própria fez com que Parisi utilizasse tudo, e mais um pouco, do que havia aprendido na engenharia, na administração e, como não poderia deixar de ser, no esporte. "Você tem de conhecer aquilo com que trabalha. Fui entender os esportes da Wilson, mesmo não sendo um praticante assíduo deles", lembra Parisi. Começou com o básico da marca, que eram os produtos voltados à prática do tênis. Fez muita coisa nova, entre elas, entender que as bolinhas de tênis eram excelentes para a construção da marca da empresa. Sendo assim, buscou pulverizar suas vendas levando-as a novos pontos como supermercados e lojas de conveniência. Tinha de cuidar de uma marca com cara global, mas que precisava ter um gosto local. Na época, fez muita coisa com atletas como Fernando Meligeni, que, embora argentino de nascença, é brasileiro de coração, e junto com Guga faturou muito até 2003, ano em que o atleta deixou as quadras. Além de Meligeni, fez parcerias com outros grandes nomes do tênis, tais como Marcelo Mayer, Wilson Carvalho e Eduardo Eche, entre outros tantos. "É quase impossível falar dos grandes parceiros da época sem cometer o erro de não citar alguém. Foi um período rico, de muito trabalho e muito agitado", reforça Parisi.

Mas ele não ficou só no tênis e nem nas bolinhas. Por meio de importação e faccionistas nacionais deu corda a toda a linha de produtos da Wilson no País. Isso lhe deu a moral necessária para ser destacado pela Wilson para tocar a América do Sul. Depois de quase oito anos, em 2001, veio um novo desafio: a Oakley. A marca, até então, era comercializada e distribuída no País pela Surf CO. E, naquele momento, a Oakley planejava fazer com essa empresa uma *jont-venture*. Parisi havia sido procurado para ser o *head* da nova operação. Depois de algum tempo, e levando em conta o jeito "Oakley" de ser, a empresa decidiu por um voo solo mantendo Parisi no comando. A Oakley foi fundada em 1975 pelo engenheiro físico Jim Janard nos Estados Unidos, Jim praticava *motocross* como passatempo, porém sempre notava que as suas mãos ficavam muito escorregadias durante uma prova ou treino. A partir daí, desenvolveu seu primeiro produto: o Unobitanium (uma borracha hidrofílica), e com isso conseguiu maior aderência nas manoplas e assim poderia executar manobras com muito mais segurança. Agindo como um grande empreendedor, pensou em desenvolver um óculos que pudesse ser utilizado nas "pistas" e trouxesse, além da qualidade óptica necessária, a resistência a impactos e a proteção contra os raios nocivos do Sol. Surgiu então os Goggles, uma linha voltada exclusivamente para a prática esportiva, a partir da necessidade de criar uma linha de produtos que atendesse não só aos consumidores, enquanto praticavam esporte, mas também quando estivessem fora do ambiente de treinos e disputas. Isso deu vida à linha de produtos *Life style*.

Fanático e obcecado por qualidade e durabilidade, Jim criou os óculos linha X metal que são feitos por meio de uma miniexplosão nuclear, processo único e inteiramente artesanal. São os únicos óculos de toda a linha que não são fabricados na Califórnia. A Oakley passou então a produzir e comercializar outros itens, tais como relógio de pulso, vestuário, bolsas, mochilas, sapatos e outros acessórios, sempre focando *design* e durabilidade. A marca já recebeu o título de melhor marca de óculos de sol do mundo, por sua tecnologia aplicada em lentes, *design* e segurança.

Na época em que Parisi recebeu o desafio de montar a Oakley no País, a empresa limitava-se a oferecer a linha de óculos. O escritório da Oakley era então uma sala com pouco mais de 12 m^2 na Avenida Faria Lima, em São Paulo, onde havia uma equipe de três colaboradores. "A experiência da Wilson me fez enxergar, facilmente, as possibilidades da marca. O Brasil tinha muito a ver com a marca e sua proposta", recorda Parisi. A Oakley, até certo ponto, era uma religião, mas Parisi teve muito apoio da empresa para sua empreitada local. "Um dos primeiros desafios, e pode parecer brincadeira, era achar um local para nosso escritório. A Oakley no mundo, ao contrário de muitas marcas, opta por ter seu escritório em um ambiente próprio, exclusivo, sem dividir com ninguém. Achar nossa sede, num lugar *premium* como o Jockey foi uma sorte" diz Parisi.

A sede da Oakley é a cara da empresa em todo o mundo. Tudo foi feito a partir da matriz. E o resultado não poderia ser outro. Nas mãos de Parisi, a empresa vem apresentando um crescimento médio, ano após anos, da ordem de 45% ao ano e ingressou com sucesso em várias linhas de produtos, como confecção e calçados. Em vez dos minguados, mas muito importantes, três colaboradores do início, a Oakley conta hoje com uma equipe de 120 profissionais diretamente ligados a ela, número esse que dobra, se pensarmos também nos indiretos.

Em 2007, Parisi, que pensava navegar em águas calmas, vê-se à frente com um novo e importante desafio: a Oakley fora comprada pela Luxottica. O novo dono deixa Parisi no comando da operação.

Com um faturamento líquido de € 5,2 bilhões, 61 mil empregados e sólida presença global, a Luxottica lidera o mundo em óculos nas categorias *premium*, luxo e esportivo. Fundada em 1961 por Leonardo Del Vecchio, a Luxottica é hoje uma empresa verticalmente integrada.

O Grupo Luxottica adquiriu todas as ações em circulação da Oakley por um preço de compra em dinheiro de € 29,30 por ação, em conjunto com a compra de todas as opções em aberto e outros direitos de participação. O preço total da aquisição foi de aproximadamente € 2,1 bilhões, numa negociação que levou pouco mais de três meses. Mesmo com a compra em 2007, a Luxottica decidiu manter as operações em separado. Só agora, no final de 2009, a subsidiária brasileira foi acionada para dar início ao processo de fusão das empresas e culturas. "O Brasil está sendo pioneiro nesse processo de fusão", afirma Parisi com orgulho. "O desafio é aproveitar o melhor das duas culturas. A Oakley é uma empresa americana é a Luxottica, europeia. A Oakley é uma empresa de marca, enquanto a Luxottica é uma empresa multimarcas, fortemente ligada ao licenciamento. Uma prima pela horizontalização, enquanto a outra, até certo ponto, pela verticalização. Mas as duas são focadas em qualidade e isso é que vai uni-las com grande facilidade" coloca Parisi.

A fusão já é visível. O que Parisi denomina de *back-office*, que engloba áreas como administração, finanças e tecnologia, foi unificado no escritório de Alphaville, São Paulo. O *front-office*, que engloba áreas como *marketing* e vendas, está sendo unificado na sede do Jockey. O prédio-sede, que respirava Oakley, começa a ser modificado, materializando, pouco a pouco, a fusão das marcas. A ideia é aproveitar o melhor dos dois mundos. Por isso mesmo é que a labradora Juliet, mascote e marca registrada do escritório da Oakley e amiga dos colaboradores, clientes e fornecedores, continuará a ter o seu espaço na empresa.

Parisi vê a fusão com grande alegria. Entende que se trata de uma excelente soma de competências absolutamente complementares. "Enquanto, por exemplo, a Ray-Ban é uma marca voluntariosa, a Oakley continuará sendo uma marca esportiva. E esse respeito ao mercado e aos consumidores, será a chave do nosso sucesso", afirma Parisi.

É claramente um executivo de carreira, mas nem sempre se vê assim. Entende que, na verdade, é um empreendedor a serviço de uma empresa. Quando se está à frente de uma *start-up*, deve-se ter cabeça de empreendedor. Mas, como *country-manager*, representa sempre a vontade do acionista.

Casado, tem três filhos, assim como seu pai. É católico e religioso praticante. E não tem vergonha de dizer que família e crença são fortes pilares de sua vida. Depois de algumas horas de papo, saímos pelo prédio analisando como ficará na nova fase. Como Parisi irá mesclar as personalidades, abaixo de um mesmo teto, que por sinal até agora fora da Oakley. E o mais interessante nisso tudo: ele tinha o mesmo brilho nos olhos de quem está fazendo tudo aquilo pela primeira vez.

viajando de executivo a empreendedor

Ricardo Ferreira

sócio e vice-presidente do Conselho da Alatur

"Descobri cedo o que queria: ser cidadão do mundo... e fui atrás..."

Esse gaúcho de Rio Grande nasceu em 2 de janeiro de 1956 e, como ele mesmo diz, a data não favorece muito as festas e os presentes. Rio Grande é a cidade mais antiga da colonização portuguesa do Rio Grande do Sul, tendo sido por muito tempo a capital do Estado, o que até hoje frustra os lá nascidos. Ninguém gosta muito de perder o controle e o prestígio. Foi fundada em 1737 pelo brigadeiro José da Silva Pais, e elevada à condição de cidade em 1835. Está situada no extremo sul do Estado do Rio Grande do Sul, entre a Lagoa Mirim, a Lagoa dos Patos (a maior do Brasil) e o Oceano Atlântico. Por pouco não é Uruguai. A cidade construiu sua riqueza ao longo de sua história devido à forte movimentação industrial. Ainda hoje é uma das mais ricas do Rio Grande do Sul e a mais rica da Zona Sul do Estado, principalmente devido ao seu porto (o segundo em movimentação de cargas do Brasil), e à sua refinaria (a cidade é a sede da refinaria de Petróleo Riograndense, antiga Refinaria Ipiranga).

Ferreira vem de uma família "de posses", classe média alta, tanto para a época como para Rio Grande. Seu pai, Jorge Wise Ferreira, era um alto funcionário da Swift Armour, comprada anos atrás pelo Frigorífico Friboi. A mãe, do lar, era sempre atenta à família. Ele é o terceiro filho do casal e tem um irmão médico e dois engenheiros. E essa fórmula médico-engenheiro só foi mudada graças à cabeça dura de Ricardo.

Moleque de infância tranquila, cursou primário no marista São Francisco e depois o Lemos Junior até o segundo colegial. Era do tipo que conciliava bem brincar e se divertir com estudar e tirar boas notas. Inquieto, ligado, atento.

Inscreveu-se aos 17 anos para um programa de intercâmbio nos Estados Unidos e concorreu com mais de 60 candidatos às únicas duas vagas existentes. Para terror de seu pai, foi aceito com louvor. "Acho que foi a única vez que vi minha mãe peitar meu pai. O velho queria que eu, assim como meus irmãos, fizesse engenharia ou medicina. Minha mãe se sensibilizou e defendeu meus ideais: se ele quer ir que vá", lembra Ferreira.

E lá se foi ele em 1974 para o condado de Westchester, um dos 62 condenados do Estado americano de Nova York. Instalou-se numa casa de família e foi estudar no Port Chester High School, uma instituição que alunos e funcionários têm orgulho de chamar de "lar". A diversidade cultural do corpo discente é uma das suas maiores forças. Os alunos são apoiados por profissionais que valorizam o desempenho acadêmico e são dedicados a assegurar que todos recebem a melhor educação possível. Fora da sala de aula, oferece oportunidades para os alunos se desenvolverem e crescerem por meio de participação em projetos esportivos e de cultura. E Ferreira deu sorte de cara. A família que o abrigou tinha excelente nível e sua "mãe adotiva", Camille, era professora de teatro e o melhor: professora de inglês.

"Minha família sempre foi maravilhosa, mas quando fui para o intercâmbio me vi, pela primeira vez, olhado como um indivíduo. Não era mais um membro da família. Tinha identidade própria", conta Ferreira. As viagens pelos Estados Unidos com a família do intercâmbio sempre foram muito boas e despertaram nele o gosto por conhecer, experimentar. Ou melhor, fizeram com que ele se encontrasse: queria mesmo ser um cidadão do mundo.

Completado o *high school* e, uma vez que estava nos Estados Unidos, aplicou-se para hotelaria na Universidade de Cornell e foi aceito.

Cornell é uma universidade privada situada em Ithaca, Nova York. Fundada em 1865 por Ezra Cornell, um empresário pioneiro da indústria dos telégrafos, e por Andrew Dickson White, professor e político, a universidade já abrigou grandes nomes da literatura e da ciência.

Mas tudo que é bom dura pouco. Em 1976, cursando o terceiro semestre, Ferreira volta ao Brasil a pedido de seu pai que estava preocupado com a situação econômica, alta inflação e tudo o mais. Surge então seu primeiro grande enfrentamento com pai que não havia ainda desistido da ideia de ele ser médico. Ferreira então vai para São Paulo, presta vestibular para FGV e ESPM e entra nas duas. Fazia uma de dia e a outra de noite. Nos intervalos dava aulas de inglês para sobreviver. De pronto vai morar numa pensão: a Pena Fortes, de dona Sulbra. "Naquela época era muito comum para os jovens que vinham estudar em São Paulo, morar em pensão", ressalta Ferreira. As coisas melhoram, ele se muda para um apartamento, monta sua vida em Sampa e em 81 conclui a ESPM e em 82 a FGV. Só não mudou o seu foco e interesse no mundo de turismo e viagens.

Por um bom relacionamento com os editores da Revista *Briefing* – Rafael Sampaio e Luiz Carlos Teixeira de Freitas –, dirigida ao mercado de *marketing* e comunicação, meteu-se a fazer uma grande matéria sobre o mercado de empresas aéreas. A experiência foi incrível e rendeu, além é claro de uma grande matéria, até algumas viagens nacionais e internacionais. O rico conteúdo não lhe trouxe um emprego, mas na verdade virou seu portfólio e sua plataforma de prospecção. Enquanto o turismo não vinha, foi trabalhar na Santos Diniz Consultoria – empresa do Grupo Pão de Açúcar.

Mas no final de 83 é convidado por Geraldo Meira para chefiar na Vasp a área de acordos internacionais com outras companhias aéreas. Só como curiosidade, a Vasp foi fundada em 1933, no pós-guerra, por meio de um movimento entre empresários da época e pilotos da reserva. A empresa parou de voar no final de janeiro de 2005, quando o DAC cassou sua autorização de operação. Suas aeronaves hoje estão paradas por aeroportos de todo o País, testemunhas de uma triste história da aviação comercial brasileira. Mas para Ferreira a Vasp foi um excelente início. Nunca viajou tanto e tão bem. As empresas aéreas queriam mostrar serviço a ele, então era muito comum viajar de primeira classe. "Lembro de um voo magnífico pela Swissair, de primeira classe com toda regalia e conforto, em que cheguei ao Aeroporto de Congonhas em São Paulo, atravessei a rua e peguei um ônibus para ir para casa. Eram contrastes muito grandes", diz Ferreira de forma jocosa. Na Vasp, ele criou e implantou o Air Pass, uma espécie de *ticket* múltiplo uso, com o qual turistas estrangeiros viajavam para uma série de cidades turísticas brasileiras por uma tarifa mais em conta. A Vasp também lhe garantiu em 84 um até hoje bem-sucedido casamento com Helyana, na época sua colega de trabalho.

Da Vasp, ele vai em 85 para a rede Othon e começa a fazer nome como executivo no tão desejado mercado de turismo e viagens. Sua missão era montar o escritório de São Paulo e promover a rede em mercado nacional. Aí descobre um segmento que vira seu foco futuro: o de viagens corporativas. Uma cadeia nacional, que deveria ter cara de internacional e se colocar firmemente no competitivo mercado de hotéis. Aprendeu muito com os métodos de gestão e a forma de ver o negócio de turismo de uma rede, à época muito importante, como a Othon, fundada em 43 por Othon Lynch Bezerra de Mello que, expandindo seus negócios nas áreas têxtil e açucareira, vislumbrou dar ao Brasil, com capital integralmente nacional, uma extensa rede hoteleira que nasceu com nome de Cia. Brasileira de Novos Hotéis.

O primeiro hotel da rede foi o Aeroporto Othon, inaugurado em 1944 no centro do Rio de Janeiro. Já ampliando sua presença em São Paulo, a Othon começou a operar em 1954 o Othon Palace, junto ao Viaduto do Chá, em meio ao coração financeiro da cidade. A grande expansão da rede deu-se no Rio de Janeiro, paralelamente ao crescimento do bairro de Copacabana, antevendo o seu potencial turístico e antes mesmo que sua praia se tornasse uma das mais famosas do mundo.

Entre 1975 e 1979, a rede expandiu-se na linha dos grandes cinco estrelas, dobrando a sua oferta de apartamentos. São dessa fase os hotéis Rio Othon Palace, Bahia Othon Palace e Belo Horizonte Othon Palace. Os hotéis Othon tornaram-se então a maior rede da América do Sul, inovando conceitos de gerenciamento de grandes unidades.

Em 1998, sentindo-se mais seguro e experiente, Ferreira recebe e aceita o convite do Sheraton Moffarej para assumir a diretoria de *Marketing* e Vendas. O Sheraton havia se instalado em São Paulo para contrapor-se a estrelas da época, tais como o Maksoud Plaza. De cara, Ferreira entrou e mudou toda a comunicação. Implantou uma metodologia de trabalho que mais tarde viria a ser sua marca registrada: o *marketing* de relacionamento. Os dois anos em que lá ficou foram muito agitados. Era um executivo 24 horas sete dias por semana, uma vez que, como o próprio Ferreira explica, um hotel é um organismo vivo. Uma cidade, com todos os seus problemas. Muitos foram os ensinamentos dessa época, entre eles, que trabalhar numa multinacional não é para todos. Sentia falta de fazer as coisas “do seu jeito”. Aqui talvez, comece a surgir mais forte a veia empreendedora de Ferreira. Preocupado com seu futuro numa organização como o Sheraton, é convidado pela família Ambar a montar em São Paulo uma unidade da BelAir Turismo.

Originária do Rio de Janeiro, a empresa já era bem sólida no mercado de turismo, mas Luiz Âmbar sentia que tinha de estar mais perto do mercado paulistano com sede no Rio de Janeiro. Não foram poucos os questionamentos feitos a Ferreira por conta da mudança. De dentro da própria casa, na roda de amigos e até por clientes. Além disso, tudo ocorre no famoso e inesquecível período do confisco do governo Collor. ”As pessoas tinham dificuldade em entender por que eu trocaria uma multinacional, com cargo bom, para um *start-up* de uma operação nacional de porte médio. Mas algo dentro de mim dizia que ali era o meu lugar. Aí reside o “gene” empreendedor. Estava empreendendo. Vivia uma situação de risco e tinha de dar certo. Meu capital, naquele momento, era meu nome, minhas relações e minha capacidade de trabalho. E depositei minhas fichas nessa ideia" completa Ferreira.

Ele monta o escritório da BelAir no centro de São Paulo, na Avenida Dr. Vieira de Carvalho, onde estava o centro nervoso dos negócios em turismo da capital. E estava certo. Foi do zero à quarta maior agência do setor em pouco menos de seis anos. Virou um ícone. Tinha excelente imagem no mercado de viagens corporativas e incomodava todas as suas concorrentes. Mais uma vez a chave do sucesso estava na estratégia, no foco e em sua crença no *marketing* de relacionamento. Ferreira lembra que contas como Ericsson do Brasil e TV Globo, entre outras, fizeram a diferença. "Atender a uma empresa como a TV Globo é uma escola. De executivos a artistas. De roteiros básicos aos mais complicados. E tudo com um grau de exigência altíssimo. Foi muito bom!", lembra Ferreira.

E o sucesso foi percebido pelo mercado. Ferreira encontra, na Amcham, Randy Millian, então VP de Corporate Card & Travel da American Express. No encontro, Millian diz que vinha acompanhando a movimentação da BelAir e daí nasce uma relação que se transforma em pouco tempo numa oferta de compra. Luiz Âmbar aceita a oferta do Amex e o destino leva Ferreira mais uma vez a ser executivo de uma multinacional. Mas dessa vez dura pouco. Mesmo gostando da empresa e tendo aprendido bastante, no quase um ano que lá ficou, foi dispensado pelo Amex num processo de reorganização. Pela primeira vez, desde a Santos Diniz, vê-se sem emprego. Mas tinha ganho dinheiro e então resolve aconselhar-se um pouco sobre seu futuro com amigos e *headhunters* e fazer um pequeno sabático. Porém, tudo dura muito pouco. Raul Rosenthal que havia saído da presidência do Amex convida Ferreira para trabalhar na divisão de negócios da Editora Abril. "Quando questionei o Raul sobre a operação, sobre a estrutura e tudo o mais que eu teria, ele respondeu: tenho o diretor-geral que é você. O resto é problema seu.

Estava ai a razão da minha ida. Desafio, liberdade, autonomia", completa Ferreira. Porém, mais uma vez, Ferreira se afasta do mercado de viagens de turismo. E desta vez por quatro anos. Mas foi um período muito válido. Um clube nada mais é do que um enorme programa de relacionamento. E disso Ferreira sabia tudo. Mais uma vez foi do zero a 650 mil sócios em quatro anos. Um resultado excelente para as possibilidades da época. Entregue o "serviço", Ferreira é chamado por Roberto Civita para um segundo desafio. Mais uma vez, muito longe do turismo e das viagens. Tratava-se de lançar o Guia Qual – Imóveis. Ferreira mergulha no produto, vai aos Estados Unidos conhecer os parceiros e o coloca de pé. Foram dois anos de trabalho forte e bons resultados.

"O sucesso do guia está no modelo de apuração de resultados. Quando você vai a um estande de vendas, preenche uma pesquisa sobre onde viu aquela oferta. Essas planilhas tinham o clássico: *Estadão, Folha* etc... Incluir o guia foi um grande desafio", diz Ferreira. Por orientação de um *headhunter* vai conhecer uma área nova: o mundo digital. Aceita então, em 2001, o convite do Grupo Talent de Júlio Ribeiro para ser o diretor-geral da Tríade.com, empresa recém-adquirida de Paulo Voltolino. A aquisição fazia parte de uma estratégia de montar uma empresa 360º por meio de aquisições. Mas o mercado mostra a Ferreira que não comportava, ainda, uma empresa como aquela. Uma agência com altos custos, por decisão do grupo controlador, num mercado ainda de baixa rentabilidade. Ferreira fica à frente da empresa por 18 meses e percebe que não estava realizado. Não exercia seu espírito empreendedor na plenitude. Acaba fazendo um bom acordo e se desligando da empresa.

Pensando no que fazer da vida, leva em consideração o uso de suas habilidades em *marketing* e seu conhecimento no mercado de viagens e turismo. Dessa forma, se associa à agência de *marketing* direto Copyrigth, de Gustavo Dias Leite, e monta uma área focada no B2B, principalmente para o setor de turismo. Entre os clientes atendidos surge na vida de Ferreira a

Alatur – uma empresa pequena, sólida, muito líquida, da área de viagens corporativas e comandada por Francisco Carpinelli. Com seis meses de trabalho conjunto, Ferreira e Carpinelli dão início a uma bem-sucedida relação e consecutiva sociedade. Nessa hora, duas coisas importantes voltam a fazer parte da vida de Ferreira: empreender e estar no negócio de viagens e turismo. Ferreira assume a área comercial e eles se propõem a montar uma unidade de negócios de eventos e incentivos. Ferreira volta às origens. Realmente descobre que tem vocação, talento e paixão por esse negócio. Essa trilogia fez com que passasse pelas dificuldades encontradas com uma certa facilidade, mas acima de tudo com coragem e a firmeza de que ia dar certo. Ele mesmo se vangloria de sua capacidade de, em meio ao caos, achar o caminho mais seguro. Na opinião de Ferreira, a Alatur deu certo, assim como muitos outros empreendimentos dão certo, porque o empreendedor tem paixão pelo negócio. Toma risco. Faz, corre atrás. "Sendo o Francisco um grande empreendedor, meu papel principal foi o de trazer para dentro da empresa minha experiência como executivo. Fazer uso de tudo que havia aprendido em empresas como Vasp, Sheraton, Abril etc..", complementa Ferreira.

A Alatur tem três divisões de negócios: viagens corporativas (soluções em logística humana), eventos e investimentos. Para Ferreira, empreender não se limita a criar um negócio. Ter uma ideia e conseguir levá-la adiante também é um exemplo excelente de empreendedorismo. Por isso, ele entende que todo executivo de sucesso tem de ter um coeficiente de empreendedorismo. Ele mesmo, se voltar no tempo, vê-se como empreendedor em várias situações executivas. O perfil de Ferreira fica mais fácil de entender quando se olha para outros ângulos de sua vida, tais como o esporte. Ele decidiu, tardiamente, começar a correr. Só que correr não bastava. Virou maratonista buscando seus limites. Faz NY, Paris. Até que seu médico o fez parar. Mas ele entende que amadureceu muito com mais essa experiência. Seus planos para o futuro não envolvem chinelos e pijama, mas sim novos limites. Com muito mais consciência e prazer, é claro.

A entrevista com Ferreira, como não poderia deixar de ser, aconteceu num agradável café da manhã no Hotel Emiliano, em São Paulo. Na mesa ao lado, a atriz Taís Araújo. Por alguns minutos nos sentimos em Viver a Vida. E estávamos vivendo.

empreendendo de cabeça

Cláudia Alcântara

fundadora e presidente da Cadiveu

"Amo cosméticos. Minha vida gira em torno disso..."

Filha de pais nordestinos, não nega sua teimosia. Seu pai, pernambucano, empreendedor, lutou para conseguir um lugar ao sol. A mãe, alagoana, também sempre batalhou para ajudar na receita da família. Mas o que levou Cláudia Alcântara a ser empreendedora, além é claro de sua visível obstinação, foi um corte de cabelo errado que lhe rendeu problemas por muito tempo. "Eu era pequena. Tinha pouco mais de 9 anos. Minha mãe me levou para cortar o cabelo e a pessoa me disse que ia fazer uma coisa boa, para todo dia, prático para o colégio. Cortou que nem uma 'cuia' e, quanto mais crescia, pior ia ficando. Fiquei um monstrinho. Pouco a pouco fui entendendo meu cabelo. Nunca mais deixei uma pessoa pegar nele. Até hoje sou eu mesma quem corta e produz meu cabelo" explica Cláudia. Ela sempre foi autodidata nessa área. Nunca fez um curso de corte e penteado. Tem o dom nas mãos.

Desde pequena queria trabalhar e tirar seu sustento. Não que lhe faltasse, mas queria ser dona do seu nariz. Por volta do 14 anos foi trabalhar em um bufê infantil. De lá, foi para uma loja da Body For Sure, dentro da Academia Runner. Agitada e boa vendedora, consegue logo um emprego no *Jornal da Rua*, que circulava na região de Moema. A comunicação sempre a atraiu. No jornal, faz uma carreira boa e rápida. De recepcionista passa a vendedora, treinadora de vendas e a fazer bicos na redação. Fica no jornal até ele encerrar suas atividades e fechar. Aos 17 anos, ingressa na Fiam para fazer Comunicação com ênfase em propaganda. Cursa três anos e decide jogar tudo para cima e fazer Desenho Industrial na FMU. "Sempre gostei de arte. Ingressei na Comunicação com aquela visão de agência de propaganda, criação e tudo o mais. Depois de um tempo, a arte falou mais alto", lembra Cláudia.

Com o fim do jornal, ingressa no UOL por indicação do Haya, o próprio dono da empresa jornalística que a queria bem e confiava muito nela. Vai trabalhar em *telemarketing* e atendimento a usuários, onde tem sua atenção para o *on line* despertada: tudo era novidade. Pelas mãos de uma amiga muda para o portal Yahoo, um dos maiores buscadores e provedores de *e-mail* da *web*, que concorre com grandes *players* como o Google. No Brasil atinge cerca de 20 milhões de usuários únicos e mais de 3,5 bilhões de *page views*. Um em cada dois internautas residentes brasileiros navega no Yahoo. Cláudia trabalhava na área de *links* patrocinados, criando campanhas para os clientes. Ela selecionava as chamadas "palavras-chave" para que os clientes montassem sua programação. Mas Cláudia queria mesmo ir para vendas; falava com todos sobre seu desejo, e nada. Curiosa e determinada procurou caminho próprio. Queria ganhar mais dinheiro. Pensou então numa atividade paralela, não concorrente e fácil de tocar nas suas horas vagas. Aí, uniu sua paixão por cabelo e o espírito empreendedor: criou uma apostila, de 40 páginas, sobre escova progressiva. Segundo Cláudia, os cabeleireiros faziam o trabalho, mas não tinham tempo, ou mesmo vontade, de explicar a seus clientes como cuidar melhor e ter melhores resultados. Como estava no ambiente *web*, criou um *site* e usou a própria indexação do Yahoo a favor do seu negócio. Estudou hidratação, princípios ativos de tudo, alisantes e tudo o mais. Colocou no *site* as palavras-chave que julgava apropriadas e começou a vender suas apostilas. Um sucesso. Seus maiores clientes eram os próprios cabeleireiros que buscavam informação boa e consolidada.

Cobrava algo como R$ 40 e faturava, sem grandes problemas, mais de R$ 2 mil por mês. Por meio de seu *e-mail* de dúvidas, os clientes mostravam querer mais. Pediam indicação de produtos e pontos de venda. Alegavam, às vezes, não encontrar, ou mesmo não ter renda para comprar as recomendações. Cláudia resolveu então criar sua própria linha. A internet continuava sendo sua maior fonte de informação. Na época o uso de chocolate na cosmética estava em alta. Por conta disso, passou a comprar alguns produtos de que gostava e respeitava e a eles adicionar pó de chocolate. Isso mesmo: o famoso Chocolate do Padre. Deu início à sua linha com uma hidratação e um alisante. Logo depois, fez um *shampoo* e um condicionador para uso diário. Testava em si mesma, na família e em amigos. Começava então a produzir sua marca e montar o seu negócio.

A mãe, Júlia Alcântara, não estava trabalhando e resolveu ajudá-la. Juntas vão à Rua Tabatinguera comprar embalagens. Imprimiam as etiquetas em casa mesmo, com a marca Lisshair, criada de supetão por Cláudia. Uma amiga da mãe, dona de um salão de cabeleireiros – com o sugestivo nome de Oásis Urbano –, abre espaço para Cláudia testar sua linha e ofertar às clientes. A própria dona do salão conhecia um pouco sobre cosméticos e fragrâncias e então dava um certo direcionamento. O Oásis virou mesmo o ponto de partida de Cláudia. Quando colocou os produtos no *site* já tinha mais de 50 pedidos pendentes. Mas Cláudia até aqui, não existia. Oficialmente, é claro. Não tinha Anvisa ou nada no caminho da legalidade. Fazia como muitas empresas que vendem produtos artesanais via *web*. Preocupada com isso, certa de que iria crescer, vai a um laboratório, o Yelck, e pede auxílio profissional para seu desenvolvimento.

A Lisshair durou pouco. Assim que Cláudia viu que poderia crescer mudou o nome para Cadiveu. O nome veio de um trabalho de escola do tempo da faculdade. Cadiveu é uma tribo indígena da região de Bodoquena, próximo a Bonito, no Mato Grosso do Sul. Esses índios foram considerados por Lévi-Strauss os primeiros *designers* brasileiros. Cláudia cria então a primeira linha da Cadiveu: Brasil Cacau, que consiste em produtos exclusivos para *anti-frizz*, hidratação intensa e controle de volume. Reposição de queratina dos fios e fortalecimento e brilho devido ao uso do d-pantenol, muito emoliente e de alto poder hidratante e sensorial. Além de uma deliciosa nota de chocolate, exclusiva da Cadiveu, segundo Cláudia. Não quis criar uma marca que fosse cópia de outra internacional. Queria algo seu, só seu. Que fosse de raiz. Entende também, pelo acordo com a Yelck, que deveria se concentrar na criação e na distribuição dos produtos, deixando para terceiros a confecção. "Sabia que muitas empresas optavam por esse caminho. Concentravam-se em marca, desenvolvimento de produto, *marketing* e distribuição e deixavam a produção com terceiros. E isso é um sucesso", diz Cláudia. Na época, ela montou uma operação de vendas na casa de sua mãe no bairro de Vila Mariana em São Paulo. De lá, certa de seu crescimento, montou o primeiro escritório na Rua Padre Machado, no mesmo bairro. Nesse momento, Cláudia já se sentia uma empresária. Hoje a sua empresa está instalada na Rua Martim de Sá, no bairro da Saúde. Pouco a pouco cresceu e sentiu a necessidade de oficializar toda a operação. Buscou química responsável, fez os registros e tudo o mais. Cursa Cosmetologia na Associação Brasileira de Cosmetologia. Entende que seu mercado é o profissional e a ele se dedica. Mas ainda era um negócio pequeno, pouco conhecido e mal distribuído. Inquieta, descobre em 2008 uma importante feira do setor: a Hair Brasil, onde cabeleireiros, esteticistas, administradores de salões e clínicas de beleza têm seu grande momento de atualização. O *megashow*, os congressos e *workshops* da Hair Brasil tornam disponíveis no Brasil informações antes só encontradas no exterior.

A Hair Brasil 2009 encerrou sua 8ª edição, com 67 mil visitas de cabeleireiros, esteticistas, manicures, maquiadores e demais profissionais da área de beleza, vindos de todo o País e do exterior. Frente a sua descoberta, Cláudia faz uma consulta aos organizadores da feira e verifica não haver mais espaço para exibidores. Pela insistência, lhe é oferecida uma área próxima à reservada às empresas de mídia. Era início de outubro e a feira seria em março. O valor do investimento era abusivo para quem estava apenas começando: cerca de R$ 200 mil. Mesmo assim, Cláudia aceita e começa a pensar no que fazer. Cria então uma linha nova à base de Açaí e encara o projeto. Nesses poucos meses consegue o capital necessário para a feira. Vai com tudo. Estande, modelos, brindes e muita garra.

Até então suas vendas se restringiam a conhecidos e à internet. Nesse momento, torna-se conhecida dos grandes distribuidores e inicia uma nova fase na sua Cadiveu. Em apenas quatro anos, fabrica e distribui mais de 8 mil produtos/mês tanto no mercado nacional como internacional, sempre voltada ao segmento profissional. Fruto do sucesso e de olho em novos nichos, começa uma nova linha: a Cadiveu Orgânico, voltada para pessoas preocupadas com a beleza, mas conscientes das questões ambientais, de sustentabilidade. Produtos para o corpo, baseados em matérias-primas de fontes renováveis, com grande base no uso de frutas. Mais uma vez toma uma atitude arrojada. Nem mal resolveu sua distribuição da linha profissional, entende que a linha Orgânicos precisa ter um comportamento diferente. Vai direto aos consumidores e às pessoas jurídicas tais como *spas* e clínicas. Para que isso ocorra, vê necessidade de criar um ponto de venda ao consumidor, uma loja onde as pessoas tenham a possibilidade da experiência de marca. Como nunca teve medo ou pensou pequeno, inicia a montagem de uma loja na Rua Augusta, no badalado bairro dos Jardins. Entende que as pessoas devam ser coerentes com aquilo que se propõem a fazer: monta um laboratório na Cadiveu para estudar seus produtos; cria um projeto social que beneficia os índios da tribo Cadiveu e monta na Orgânicos um projeto de recuperação e reciclagem de embalagens. Enfim, Cláudia é mais um bom exemplo de empreendedorismo brasileiro. Prova que não existem barreiras. Capital nunca foi seu problema. Cláudia vai vencer, porque tem necessidade e determinação. Sentimentos de enorme valor ao empreendedor.

de malas prontas para empreender

Renato Gameleira

sócio-fundador e presidente da Omega Mídia

"Um belo dia acordei em Recife e concluí que estava de malas prontas para empreender. Foi uma decisão superacertada."

No dia 14 de agosto de 1973 nasceu um cara, que poderíamos dizer, no mínimo, muito teimoso. Renato Gameleira Gomes, filho de Victor Augusto Macedo Gomes e Maria Socorro Gameleira Gomes. Um parto difícil, feito a fórceps. Um menino franzino, cheio de alergias e pequenos problemas de saúde. Chegou até a ter seu crescimento questionado por médicos, amigos e familiares. À época, e durante toda sua vida, a pessoa que mais acreditava, e ainda acredita, em seu sucesso é sua mãe. Para dona Maria, uma pessoa religiosa e muito espiritualizada, o "Renatinho" ia com certeza vingar e vencer. E, ao contrário do que muitos pensavam, e até pregavam, Gameleira está aí hoje forte e à frente de sua Omega Mídia – Escritório de Negócios. Uma empresa diferenciada, com seis escritórios no Brasil, que atua na área de representação comercial e que, em pouco mais de dois anos, já fatura algumas dezenas de milhões de reais.

Gameleira, o do meio de uma família de três, é filho do "seu Victor", um ajustador mecânico com passagens em empresas de renome tais como Holstein, Bosch e Werner Munk, e de "dona Maria", uma mulher à moda antiga, sempre dedicada ao lar e aos filhos. Ele é mais um daqueles casos de moleque de classe média que vira empresário – entendendo ser essa a melhor solução profissional para si mesmo – e que dá muito certo.

Uma criança hiperativa, ligado em tudo, esperta, que sempre brincou muito na rua. Tudo acontecia nos arredores do bairro onde nasceu e foi criado: a Vila Maria.

O bairro é um clássico paulista, repleto de histórias marcantes e engraçadas. Antigamente, os habitantes do Belenzinho e bairros adjacentes, a exemplo da grande maioria dos habitantes de São Paulo, utilizavam-se para locomoção e transporte de veículos com tração animal. O alimento básico desses animais era o capim. Pelo fato de a região onde hoje se situa a Vila Maria ser um manancial inesgotável de capim, alguns comerciantes atravessavam o Rio Tietê com seus carroções e os carregavam com feixes de capim que eram depois vendidos às pessoas que possuíam animais de tração. Era o combustível da época. A Vila Maria de hoje já foi o "grande posto da cidade", lembra Gameleira.

Uma das poucas construções que remontam a épocas anteriores à formação do bairro é a chácara de Dom Pedro, situada onde hoje é a Rua Dr. Edson de Melo com Rua Araritaguaba, indo até a Rua Nova Prata. Hoje, defronte onde era a chácara, fica o sobrado que serviu muitos anos de escritório para o piloto de Formula1, Ayrton Senna da Silva.

Ainda como curiosidade, cita Gameleira, certa vez, num dos seus discursos em Vila Maria, Jânio Quadros, que iniciou com o conhecido e indefectível "Povo de Vila Maria", acrescentou: "de Vila Maria Baixa, de Vila Maria Alta e, por que não dizer, de Vila Maria do Meio". As risadas foram incontroláveis e o momento, memorável. "Dizem os mais antigos de bairro que na época da inauguração da Rodovia Presidente Dutra um motivo para distração dos moradores da parte alta da Vila Maria, que tinham vista até a rodovia, era ficar contando os poucos carros que trafegavam por ela. Faziam apostas de qual sentido de direção passariam mais veículos", diz Gameleira, relatando histórias que ouviu de seu pai e amigos.

Foi também na Vila Maria que fez seus estudos básicos. Passou pelo Externato Maria Cândida, pelo Colégio Afrânio Peixoto, pelo Casimiro de Abreu e terminou no Paulo Egydio. Foi um bom estudante, mas não era dos mais esforçados. Duas coisas o ajudavam, e muito: a excelente memória e a facilidade com números.

A inquietude o levava também a sempre buscar uma ocupação. Um bico. Uma forma de fazer alguma grana extra, mesmo nunca lhe tendo faltado nada.

Aos 14 anos de idade, um amigo, de nome Emerson Simões, comentou a possibilidade de Gameleira trabalhar numa empresa grande, multinacional, como *office-boy*. Junto com o pai, Gameleira foi a uma entrevista na SSC&B/Lintas, uma das maiores agências de propaganda do Brasil, à época. Gameleira nem sabia chegar à Rua Bela Cintra, sede da empresa. Lá, depois de uma entrevista com José Aparecido Pedreira – o Coringão –, foi aceito e iniciou em 13 de janeiro de 1988. "Aquilo tudo para mim era uma grande novidade. Sentia que meu coração ia sair pela boca. Um prédio enorme e todo ele da mesma empresa. Decorado de forma criativa, mas, para mim naquele momento, até um pouco estranho. Gente bonita, bem vestida, entrando e saindo com pastas enormes", lembra Gameleira com carinho.

A Lintas, como toda empresa internacional, era muito organizada e tinha um bom programa de carreira. Apenas cinco meses depois de contratado Gameleira foi promovido a "*boy* interno" e com isso conseguiu conhecer a agência como um todo e, também, a maioria de seus profissionais. Simpático, falante e elétrico, rapidamente fez amigos em todos os andares e departamentos. Quando completou 15 anos, encorajado por amigos, marcou uma entrevista com o presidente da Lintas, na época o publicitário Ivan Pinto.

Cheio de coragem e vontade, sentou-se à frente de Ivan e, antes mesmo de dizer o que queria, questionou uma campanha que a agência fazia para o produto OMO do anunciante Lever que, a seu ver, era muito repetitiva. Ivan achou graça no menino e respondeu a Gameleira em tom professoral: "Em time que está ganhando não se mexe meu amigo". Mas a conversa era para outra coisa. Depois de pleitear algo a mais para si em termos profissionais, justificando potencial e interesse, Gameleira ouviu de Ivan Pinto que admirava muito sua atitude e o comparou a ele mesmo, dizendo que era importante mostrar vontade de crescer e brigar por posições melhores. Quanto questionado por Pinto sobre em que área da empresa se via melhor, mais contributivo, Gameleira sem titubear escolheu a área de mídia. A decisão não foi em nada técnica. A resposta veio, de forma inconsciente, por meio de qualidades que, mais tarde, iriam também fazer com que ele saísse da agência: bom relacionamento, memória e facilidade com números. Lembram da facilidade dele na escola?

Pouco tempo depois, foi transferido para a mídia onde cuidava do arquivo de tabelas e informações sobre veículos de todo o País. Nesse momento, sua intimidade com o assunto mídia regional teve início. A boa relação com os demais profissionais de mídia foi fundamental. "Eles me incentivavam muito e tinham grande paciência comigo. Muitos me ajudaram, mas cito um com destaque especial, até porque infelizmente já faleceu. Foi o Alciney Maia Souto. Aprendi muito com ele. Inclusive, aprendi a dar atenção e a formar gente nova, como eu mesmo era na época", conta Gameleira, bastante emocionado.

Depois de alguns meses, ele foi promovido a pesquisador de mídia, área que lhe deu mais consistência em termos de técnicas de mídia e sobre o mercado.

Mas a hora de deixar a Lintas havia chegado. A agência acabara de passar por uma fusão coma MPM e as possibilidades internas haviam diminuído e muito. "Entendia que naquele momento, frente a todo cenário que se apresentava, que não haveria espaço para todos e eu queria crescer. Não havia conseguido cursar a faculdade por tempo e por dinheiro. Isso também seria limitador naquele momento ", lembra Gameleira.

Nessa hora, e com os astros confabulando a favor, recebeu um convite para conhecer melhor uma empresa de representação de nome FTPI.

O convite veio de Marcelo Cazzo – um executivo comercial da FTPI que também era oriundo da Vila Maria e, portanto, conhecia Gameleira.

Desde a década de 80, a FTPI fazia a ligação entre os vários veículos de comunicação de todos os cantos do Brasil e as mais importantes agências de publicidade. Representava emissoras de rádio, jornais, cinemas e veículos de mídia exterior de todo o País, além de comercializar projetos especiais, eventos e fazer a captação de patrocínios. Mas tudo era muito novo para Gameleira e até para o mercado. Gameleira estava, de um dia para o outro, deixando o imponente prédio da Lintas para se transferir a um sobrado nas Perdizes. "Nunca fui ligado em aparências. Mas a mudança me trouxe os primeiros e duros ensinamentos de um mercado sofisticado e competitivo. Entendi claramente que era preciso construir meu próprio espaço, ter paciência, humildade e cautela".

Na FTPI, Gameleira ficou por 16 anos como executivo. E foi lá que descobriu seu espírito empreendedor. Sempre na área comercial, iniciou como executivo júnior, passando a executivo e depois a gerente. Em 2000, foi encarregado de montar o escritório de Recife. Lá conheceu sua ex-esposa e mãe de seus dois filhos: João Victor e Maria Luiza. As viagens a cada dia, mais e mais, despertavam sua atenção e seu interesse. "Uma coisa é você dizer que a cultura de Recife é assim ou assado. Outra coisa é vivenciar essa cultura. Saber das coisas. Conhecer o sabor. As viagens me davam uma bagagem que a maioria de meus concorrentes, e diria até colegas, não possuía. Ou melhor, não possui até hoje", destaca Gameleira.

A briga no campo, as longas negociações, as noites sem dormir, os jantares e almoços, os eventos e tudo o mais, uniam de forma surpreendente Gameleira aos seus clientes, às agências e aos anunciantes de cada mercado que ele visitava.

Em 2005, surge na FTPI um novo desafio. Reestruturar o escritório do Rio por conta de novos e importantes negócios. Nesse momento, Gameleira praticamente se muda para lá. E na FTPI ele era ao mesmo tempo gerente-comercial e sócio do escritório no Rio. A semente empreendedora começava a brotar.

Gameleira mal parava em São Paulo. Sua dedicação aos escritórios do Recife e do Rio era total, mantendo sempre contato com o mercado paulista que é na verdade onde estão as grandes verbas e anunciantes. A agenda de Gameleira era sempre lotada. Depois de uma semana cheia de compromissos em São Paulo e no Rio, ao despertar para mais um dia de reuniões em Recife, processou as sugestões acumuladas nos últimos anos por amigos, colaboradores e clientes e concluiu: é chegada a hora de eu ter meu negócio.

Nesse momento as capacidades que acompanharam Gameleira a vida toda ficaram realmente evidentes. Os conselhos de seus clientes para que ele abrisse um negócio próprio estavam centrados na grande capacidade de se relacionar, na memória impecável que o auxiliava a gravar fatos, nomes e peculiaridades dos diversos mercados e veículos e também sua facilidade com números. Um conjunto de competências que o auxiliavam a negociar bem todos os projetos. "Fiquei muito surpreso quando decidi sair e montar o meu negócio, do meu jeito. Associei-me a Ivan Serra, ex-executivo da FTPI. Tomamos o risco de montar uma nova empresa no competitivo mercado de mídia. Nosso capital era o nosso relacionamento e nosso conhecimento", conta Gameleira. "No dia que anunciei minha decisão, 14 pessoas da FTPI quiseram vir comigo. Mostraram-se, além de bons colegas, grandes amigos. É impossível citar todos. Mas, entre eles, estão pessoas como o Spencer Fidelis e a Roberta Lima. Ele já deixou a Omega, mas a Roberta é hoje nossa pessoa 'número um' no escritório do Rio e ainda vai crescer muito", explica Gameleira. "Acho que no fundo sempre fui um empreendedor. Sabia desde o princípio que, por uma série de motivos, para conseguir o que queria teria de ir buscar. E isso só seria possível do meu jeito, ou seja, na minha empresa."

Gameleira tem uma visão muito própria de sua área de atuação. Vê, claramente, que as empresas de representação em geral são pouco reconhecidas. São vistas como oportunistas e que agregam muito pouco valor aos negócios. Quase um mal necessário. Sendo assim, Gameleira buscou fazer uma empresa diferente. "Pode parecer loucura, mas hoje sei que procuro em todos os colaboradores pessoas que sejam empreendedoras. Gente que pense na Omega, em seus clientes e projetos, 24 horas por dia, sete dias por semana, como se tudo fosse deles. Gente jovem, antenada, que saiba para onde estão soprando os ventos do mercado", explica Gameleira.

Junto com seu sócio Ivan Serra, ele implantou na Omega algumas práticas bastante consistentes:

- buscar contratar gente jovem, interessada e que queira crescer;
- dar aos executivos bastante autonomia; mas...
- ... cobrar de perto os resultados;
- montar um Conselho Consultivo para ouvir gente mais experiente do que eles;
- estar de olho nos novos meios, tais como *web* e *mobile*.

Do pai, entre outras influências, Gameleira carrega consigo o gosto por pescaria, pelo futebol e pelo samba. Essa herança fez com que ele, mesmo em meio a uma atribulada agenda, conseguisse tempo para, há cerca de dois anos, aceitar ser diretor de harmonia da Escola de Samba Nenê de Vila Matilde. "Nada é mais democrático e participativo que o samba. Todo dia aprendo algo novo na escola", enfatiza Gameleira.

Ele não conseguiu lutar contra suas inúmeras viagens e acabou conhecendo Mirela, uma aeromoça que veio a ser sua segunda esposa, obviamente também com gosto por viajar, como ele. E melhor: ela adora samba!

A entrevista correu muito bem até que foi interrompida por um aviso da secretária. Gameleira fora chamado por um cliente para resolver um problema, para variar na praça do Recife. Isso só mostra, mais uma vez, que o executivo que virou empreendedor nunca deixou e, nem deixará, de ser um excelente executivo. Complicado? Não! Só realista.

empreendendo com carinho. conquistando o universo mamãe e bebê

Carlos Ará Amiralian

fundador e presidente do Conselho da Phisalia

"Empreendedor não tem medo de nada. Vai e faz. Tem de dar certo."

Carlos Amiralian nasceu em maio de 1939 em São Paulo e foi criado nos arredores da Rua Tupi, em Santa Cecília. Plana, arborizada, cheia de sobradinhos graciosos, ela é uma espécie de Calle Malabia paulistana. Malabia é uma das mais graciosas ruas do charmoso bairro de Palermo Viejo, em Buenos Aires. A paulista Tupi, paralela imediata da Avenida Pacaembu – portanto vista também como sendo Pacaembu –, abriga restaurantes aconchegantes, ateliês de estilistas e *designers* e gente caminhando pela calçada com seus cães de estimação. Membro de uma família de imigrantes armênios, Amiralian sempre conviveu com a trilogia cultura, esporte e religião. "Lembro com alegria dos passeios e piqueniques que fazíamos. Sempre alegres. E, sempre com o objetivo de educar, além é claro, de unir e divertir", comenta emocionado.

Só para ilustrar, os armênios, sobreviventes do massacre a que o povo foi submetido, refugiaram-se na Síria, Grécia, Chipre, Egito, Iraque e principalmente no Líbano, na época território francês. Foram os franceses que auxiliaram os armênios a obter a documentação necessária para emigrar para outros países. Durante toda a década de 1920, os armênios emigraram em massa para várias partes do mundo, e em maior número para Europa, América do Norte e América do Sul. Foi a chamada "grande diáspora".

O que caracterizou a imigração dos armênios não foi, como em outros casos, a busca por melhor situação econômica ou simplesmente a aventura de tentar uma nova vida num país mais próspero, mas sim alcançar refúgio, afinal havia a esperança de retornar à terra natal. Viajavam em navios de carga, amontoados nos porões, levando quase que somente a roupa do corpo. Aqueles que decidiam pelo Brasil, desembarcavam em Porto Alegre, no Rio de Janeiro e, em sua grande maioria, no Porto de Santos, onde se abrigavam na estação ferroviária. Em seguida, subiam a serra para chegar a São Paulo e tentar a vida. Muitos eram acolhidos por um grande benemérito da colônia armênia, Rizkallah Jorge Tahanian, que acomodava as famílias em um casarão que possuía na esquina da Rua Anhangabaú (atual 25 de Março) com a Barão Duprat. Nos três andares do edifício, cortinas delimitavam o espaço de cada família. Quando já estavam situados e tinham condições próprias, em geral após alguns poucos meses, as famílias se mudavam para residências próprias, liberando espaço para que novos imigrantes se instalassem.

Algumas famílias alugavam sobrados em conjunto, cada uma ocupando um quarto e utilizando as outras dependências, como banheiro e cozinha, de forma comunitária. Na Rua Florêncio de Abreu havia um salão, também pertencente a Rizkallah Jorge, que era usado como igreja, com missas rezadas pelo padre Gabriel Samuelian. Outros armênios foram acolhidos por Vahram Keutenedjian, um outro grande benemérito da colônia nessa dura época.

As primeiras famílias armênias chegaram ao Brasil no final do século XIX – entre elas os Gasparian, os Keutenedjian, Rizkallah Jorge Tahanian e o engenheiro Mihran Latifian (construtor da Ferrovia Imperatriz Leopoldina) – resultado das ações turcas da década de 1890. Foram essas famílias que, por já estarem estabelecidas e tranquilas no País, puderam receber os grandes contingentes de imigrantes anos depois. O pai de Carlos, não era uma exceção à regra. Garabet Amir, armênio, libanês, veio ao país e montou seu próprio negócio com base no que mais entendia: uma casa com comidas sírias. Junto com sua esposa – Vergine – tocavam uma padaria síria com pães, doces e tudo mais. "Ter um negócio naquela época, dar certo, correr atrás não era um grande mérito. Era questão de sobrevivência. Meus pais tinham cinco filhos para alimentar e educar. E nunca negligenciaram com isso. Nada nos faltou." afirma Carlos.

Carlos Amiralian começou seus estudos também na região de Santa Cecília, no G.E. Dom Pedro II. De lá, foi para o tradicional Colégio Mackenzie. Fundado em 1870, por missionários presbiterianos convictos dos benefícios da educação na melhoria das condições sociais do povo, mantém a tradição até hoje. É um colégio que acredita na educação como eficaz fator de transformações e de qualidade de vida.

Moleque comum, agitado, curioso, Amiralian estava sempre fazendo alguma coisa ou procurando algo para se ocupar e conseguir uma grana. Entregou marmita, jornal, ajudou em loja. De tudo um pouco, sempre ligado nas novidades. Mas, mesmo com grande atividade no colégio, tendo sido presidente do grêmio e tudo mais, ele deixou a instituição no segundo colegial. Mudou-se para o Mari Joseph High School. O pomposo nome nos leva a crer que Amiralian buscava por algo melhor, mais forte, talvez um ensino em outro idioma. Nada disso! Buscava um colégio mais fácil e que lhe permitisse ter tempo para estudar e enfrentar o vestibular com tranquilidade. Àquela altura, formar-se ou não numa instituição como o Mackenzie não era uma questão de honra. A mudança deu certo, pois Amiralian, mesmo sem fazer cursinho, ingressou na Esan – hoje FEI. A Esan, para quem não sabe, foi fundada pelo padre jesuíta Roberto Sabóia de Medeiros em 1941 – em plena ditadura de Getúlio Vargas (1930-1945), seguindo os ideais educacionais da Companhia de

Jesus. E durante cinco anos a Esan foi uma estrela solitária, até ser criada em 1946 a FEA/USP – Faculdade de Economia e Administração da Universidade de São Paulo. Somente em 1952 seria formada a Ebape/FGV – Escola Brasileira de Administração Pública e de Empresas da Fundação Getúlio Vargas, no Estado do Rio de Janeiro. Dois anos depois, foi a vez da Eaesp/FGV – Escola de Administração de Empresas da Fundação Getúlio Vargas, em São Paulo. Em plena Segunda Guerra Mundial, padre Sabóia foi aos Estados Unidos buscar um modelo de escola de administração e acertou em cheio: a Graduate School of Business Administration da Universidade de Harvard, que foi fundada em 1908 – e hoje é a maior referência mundial em Ciência da Administração. Inicialmente, o curso era de dois anos, com mais um ano de especialização, aberto a alunos possuidores ou não do certificado de conclusão do curso secundário. Seu reconhecimento foi requerido em 1959 e conseguido em 1961, por decreto assinado por Juscelino Kubitschek de Oliveira que também validou diplomas dos primeiros alunos formados. A Esan sempre atuou em parcerias com o empresariado de São Paulo nos seus áureos tempos: Sian Torquato di Tella, Companhia Antarctica Paulista, Calçados Scatamacchia, Isnard, A Exposição-Clipper, Nadir Figueiredo e outras. Até hoje, a Esan pertence à Fundação Educacional Inaciana Padre Sabóia de Medeiros – FEI, que foi fundada pelo próprio Sabóia de Medeiros, em 1945. Até os dias de hoje, as turmas mais antigas da Esan brigam pelo seu brilho, ofuscado por instituições como a GV.

Quando acabou a Esan, Amiralian decidiu fazer uma pós-graduação. Escolheu a Fundação Getúlio Vargas e foi aprovado na primeira para fazer o Ceag. "A GV provocou uma grande mudança em mim. As leituras, os professoras, os colegas e tudo mais fizeram com que eu abrisse os olhos para horizonte novos." afirma. Por conta disso, chegou até a dar início a um mestrado. Mas a escola da vida prevaleceu e ele nunca chegou a terminá-lo.

Durante a faculdade, veio a primeira experiência empreendedora.

Experiência essa que a vida só foi permitir mais tarde, na Phisalia. Um amigo de nome Roberto, cujo pai trabalhava no Itaú consertando máquinas, convidou Amiralian para com ele desenvolver a produção e comercialização de um produto inventado por seu pai: uma luminária de braço articulado. A dupla se dividiu em função das competências individuais, e, como não poderia deixar de ser, Amiralian ficou com a área comercial. "Vendíamos tudo que fazíamos. O produto era um sucesso. Naquela época, tínhamos tudo para ficarmos ricos. Mas, infelizmente, um problema de saúde afastou meu amigo da produção e eu fiquei sem ter o que vender" comenta.

Durante a faculdade, Amiralian trabalhou em vários lugares, sempre na área financeira. Passou pela Caloi, Printec, Wallita, Mafisa entre outras. Dessa experiência profissional duas lhe marcaram mais: a nacional de Petróleo e as Indústrias Matarazzo. "Na Matarazzo tive uma oportunidade que procuro para mim mesmo até hoje. Fui encarregado de negociar com uma empresa que pretendíamos comprar. Negociei bem e voltei à diretoria pedindo um cheque de valor alto. Fui questionado e disse que confiassem em mim. Comprei a empresa, avaliei a carteira comercial e, em poucos dias, estava devolvendo o dinheiro da compra à Matarazzo. Foi uma operação importante e custo zero", conta.

Mas a mesma Matarazzo trouxe uma primeira marca negativa como executivo. Ao defender um dos seus colaboradores recebeu cartão vermelho e foi demitido junto com um outro diretor que havia tomado o mesmo rumo. "Aquilo me marcou. Adorava a Matarazzo e me dava muito bem com eles. Mas isso faz parte do mundo corporativo."

Fora da Matarazzo, preencheu seu tempo dando pequenas consultorias. Mas na verdade àquela altura seu maior cliente era ele mesmo. Buscava algo para si. Um modo de seguir a vida aproveitando sua educação e experiência de vida.

E, quase aos 40 anos de idade, lhe surge a ideia de investir na área de cosméticos. Não foi orientado por pesquisa e estudos de tendência.

Segundo Amiralian, um belo dia indo comprar um perfume para presentear sua esposa Maria Lúcia ficou indignado com os preços dessa categoria de produto. "Como um vidrinho tão pequenininho poderia custar tanto! A conta para mim não fechava" lembra.

Desse dia em diante não sossegou mais. Lia e estudava tudo sobre cosméticos. Abusando das amizades, que não são poucas, falou com Décio Freitas que, embora não fosse do ramo, deu-lhe boas dicas. Depois foi atrás de Jorge Eduardo Landé, na época presidente da Quest, que o levou à IFF, uma das mais poderosas e bem desenvolvidas empresas da área de fragrâncias e essências. Lá recebeu uma aula do químico responsável Pio Cesar Lobão. Curioso e determinado, montou um laboratório em sua casa de campo na região de Ibiúna. "Na época fiz de tudo. Testei tudo. Até bebidas alcoólicas. Fazia um Campari formidável. Mas concluí que meu negócio era mesmo cosmética."

Ousado como todo bom empreendedor e sem nenhum capital disponível, coloca um anúncio nos jornais procurando uma empresa de cosméticos para comprar. Choveram propostas. Um consultor, com vários mandatos de venda, lhe disse: tenho três empresas para o senhor, uma com resultado excelente, uma média e uma cheia de dívidas. Amiralian não titubeou: "Quero a endividada, essa é minha praia".

A Phisalia pertencia então a dois excelentes farmacêuticos que tinham comprado a marca de um distribuidor de perfumaria e cosméticos – a Percab – e ainda não a tinham pago. Ambos eram empregados de uma grande indústria e faziam seus produtos nas horas vagas, mas com todo cuidado e muita tecnologia. Um bico, mas com muita qualidade. Para os dois, largar o certo pelo incerto era difícil. Sendo assim, aceitaram vender a Phisalia a Amiralian que, por sua vez, continuava sem capital. Obcecado por dar certo, foi até seu pai que na época tentava vender um terreno sem grande sucesso. Fez o seguinte acordo com o pai: me empresta esse terreno, eu uso no negócio e te pago. Aceito o acordo, ofertou o terreno aos farmacêuticos que também aceitaram. Tudo estaria resolvido não fosse um pequeno porém: os farmacêuticos exigiram que ele liquidasse as duplicatas em mãos de Décio Correia, dono da Percab. Amiralian precisou então fazer uso de todo seu conhecimento financeiro e ir a Correia fazer uma proposta. "Assisti naquele dia a uma cena inusitada. Já havia estado com Correia uma três vezes. Era uma última tentativa. Propus a ele que quitássemos as duplicatas por meio de produtos que seria por mim produzidos na futura Phisalia. Correia era um empreendedor nato. E aí veio a solução. Ele, sem mais nem menos, rasgou todas as duplicatas na minha frente e disse 'Vamos seguir com o negócio'. Ele viu o brilho em meus olhos. Sabia que eu ia fazer e apostou. No final da história, recebeu cada centavo e mais: minha eterna gratidão." conta Amiralian.

Mas comprar a Phisalia, que naquele momento não passava de uma instalação pobre na Rua Tijuco Preto no Tatuapé, era somente o início de um longo caminho. Ele optou pelo segmento popular visando ao volume e focou o mercado infantil. Decisões acertadas para quem até então vivia de testes. Correia era o distribuidor principal de Amiralian, mas sua Phisalia precisava crescer e assim abriu um novo canal de distribuição em Belo Horizonte. Convencido de seu sucesso e determinado a vencer, fez várias vendas à nova empresa. Só que a essa empresa não era tão ética como a do amigo Correia. Até hoje ele nunca viu um só centavo de volta. "Mal havia começado e quase quebrei", lembra Amiralian. No inicio da Phisalia, ele fazia de tudo. Até usar um vizinho aposentado para receber mercadorias ele usou. Meteu-se a estudar mais e mais. Fez um curso de cosmetologia na USP. O Laboratório de Cosmetologia da USP é reconhecido como um dos melhores do País e tem como meta preparar os alunos do curso de graduação e de pós-graduação para atuarem nas áreas de pesquisa, docência, produção, desenvolvimento e controle de qualidade de produtos cosméticos. Mas, como se vê, funciona também para empreendedores alucinados por dar certo. Necessitado de capital, viu outra máxima do empreendedorismo dar certo. Recebeu todo apoio da família. Precisou vender seu apartamento em Higienópolis – local herdado dos pais da esposa e onde ela havia morado por toda a vida – para fazer caixa e sanear dívidas. Mas a crença de dar certo estava acima de tudo. "Nessa hora a Maria Lúcia foi incrível. Sei que aquilo doeu e que a preocupava muito. Mas hoje todos sabemos que valeu a pena", recorda.

Já assistindo a um certo crescimento, ele muda para a Rua Serra do Jairé no bairro do Belém onde ficou por 12 anos. De lá, amplia as instalações e vai para Rua Boa Ventura Pereira em Pirituba. "Lá, fazíamos milagres. Produzíamos e vendíamos 55 mil caixas/mês em apenas 700 metros quadrados. Isso era mesmo um feito" comenta, comparando a performance aos dias de hoje.

Atualmente muita coisa está diferente. Ele tem como visão que sua Phisalia seja reconhecida como a melhor empresa de produtos de higiene pessoal e cosméticos para o público infantil, pelo reconhecimento e foco específicos nesse setor e também pela sua qualidade e inovação. Com trabalho duro, comprou de novo sua casa para tranquilidade de sua esposa. Moram felizes no Butantã e ainda mantêm a casa de campo de Ibiúna onde tudo começou. A empresa, que em 2010 comemora 35 anos, continua familiar, mas muito bem resolvida. Os quatro filhos de Amiralian lá estão, bem alocados, e sem nenhum problema de sucessão à vista:

Luciana, 43, é a responsável técnica;
Carlos Eduardo, 40, assumiu a presidência;
Adriana, 38, é responsável por vendas e *trade*;
Roberto, 34, está com planejamento e TI.

Além disso, Amiralian montou há alguns anos um Conselho Consultivo formado por profissionais externos e que muito lhe apoiam e direcionam.

O sonho de empreender hoje se materializa nos 130 colaboradores diretos, nos mais de 200 no total, nas três linhas de produto – Tra-la-lá Kids, Banho de Bebê e Joanita – com mais de 60 itens (SKU's) e nas mais de 80 mil caixas de produtos comercializadas todos os meses. E o visível crescimento do poder de consumo das classes C e D devem fazer com que esses números cresçam em progressão geométrica, tendo em vista que a Phisalia tem como meta ofertar produtos com excelência de qualidade a preços competitivos. Para buscar esse padrão não abrem mão de boa matéria-prima e de muita pesquisa. Aliás, não fazem nada sem pesquisa. Estão atentos a todos os movimentos de mercado.

Amiralian não mede palavras para falar de empreendedorismo. Para ele empreender é ter determinação, energia, assumir riscos variados – na vida pessoal e profissional – e conhecer muito bem aquilo que se está fazendo.

Nosso papo durou algumas horas, mas poderia ter durado dias. Ao final do encontro era como se fôssemos amigos há anos. E aí residem alguns dos grandes talentos de Amiralian: persistência, harmonia, integridade, segurança, agilidade, inovação e acima de tudo amor pelo que faz.

SUBWAY

SONY

das domingueiras a empreendedor via satélite

Arnold Eugênio Correia

fundador da SubWay Link

"O importante é criar as oportunidades e agarrá-las. De nada serve as coisas surgirem e você não saber aproveitá-las."

O Arnold Eugênio Correia é um desses caras agitados, ligados em tudo. Marcamos a entrevista, desmarcamos, mudamos, marcamos de novo. A razão das mudanças foi sempre a mesma: o cliente em primeiro lugar. Ele é um jovem empreendedor. Nasceu em Campinas, no interior de São Paulo, em outubro de 71, mas pouco tempo permaneceu nessa cidade. Seu pai, Egon, engenheiro, trabalhava no setor têxtil em São Paulo para a Doutex. A empresa sempre foi marcada pela experiência, tradição e pelo pioneirismo. Foi uma das primeiras empresas brasileiras a trabalhar com tecidos tecnológicos. A malharia circular, voltada para o segmento *fashion*, é também um dos diferenciais da Doutex, que faz recorrentemente parcerias com estilistas e grifes que apresentam suas coleções nos principais eventos de moda do País. Atualmente, a Doutex faz parte do Grupo Rosset, unindo essa experiência e tradição com a estrutura e a logística do maior grupo têxtil da América Latina. Além disso, Egon tinha também em Campinas um pequeno negócio na área têxtil para satisfazer seu espírito empreendedor. Infelizmente, numa das suas viagens diárias entre as duas cidades, um acidente lhe tirou a vida. O filho, Arnold Correia, tinha apenas três anos de idade. Ele se muda para a cidade de São

Paulo com a mãe, Cícera, arquiteta e decoradora, mas que vai trabalhar com os irmãos num negócio de papéis reciclados da família.

Correia faz seus estudos em escolas como o Colégio Passionista São Paulo da Cruz, no bairro do Tucuruvi. É uma escola católica, fundada em 1934, mantida pela Congregação das Irmãs Passionistas de São Paulo da Cruz. Sua prática educativa está baseada no Projeto Educativo Passionista que busca uma formação cristã integral, multidimensional e equilibrada, sintetizada no lema que a define e caracteriza: educar para a vida, pelo amor e no amor.

Depois disso, ele vai fazer o Liceu de Artes e Ofício na Cantareira. O Liceu é uma instituição privada sem fins lucrativos que oferta anualmente cerca de cem vagas de Ensino Técnico integrado ao Ensino Médio com total gratuidade, nas áreas de Eletrônica com ênfase em Sistemas Digitais Programáveis, Edificações e Multimídia. Além do Ensino Técnico Integrado, o Liceu também oferece o Ensino Médio Regular pago. Foi criado em 1873 e já se consolidou não apenas como Instituição de Ensino, mas como propagadora da arte e da cultura na sociedade paulistana. No Liceu, Correia faz Desenho de Construção Civil.

Ainda no Liceu, ele, que tocava guitarra, monta uma banda. O projeto não dá muito certo, mas Correia torna-se uma espécie de "agente" artístico de alguns amigos, programando *shows* em casas de São Paulo, como Aeroanta, Rose Bombom, entre outras. Por conta dessa atividade, passou também a se relacionar com a TV Globo num trabalho de assistente de produção da TVN do ex-locutor Osmar Santos. Nessa época, Correia cursava Administração de Empresas no Mackenzie. E surge então uma oportunidade para montar uma discoteca, aos domingos, no Clube dos Oficiais da Policia Militar. E Correia não poderia perder essa oportunidade. Foi lá e a agarrou com força. A Associação dos Oficiais da Polícia Militar do Estado de São Paulo, entidade criada em 17 de outubro de 1931, reúne hoje cerca de 8 mil associados, 40% deles civis. É o órgão representativo dos oficiais da Polícia Militar do Estado de São Paulo nas questões inerentes à classe policial militar, seja no âmbito da corporação, seja no âmbito externo na macropolítica nacional. Na capital, sua sede institucional, social, administrativa e política fica no bairro do Tremembé, na Invernada do Barro Branco, junto ao Canil da PM. No local estão o salão de festas, o conjunto aquático, as quadras poliesportivas, os campos de futebol, as quadras de tênis, o ginásio poliesportivo, a cancha de bocha e a pista de atletismo, dentre outras áreas esportivas. São mais de 100 mil m^2 de área verde, em região nobre da cidade, junto ao Horto Florestal. É nessa sede que a associação realiza os grandes eventos de integração de sua comunidade social.

E lá todo domingo cerca de 3 mil pessoas bailavam nas domingueiras conduzidas por Correia. "Eu fui emancipado para poder tocar meu negócio" lembra. Ele havia com isso conseguido somar seu gosto por música ao entretenimento e alguma receita para ele. E uma boa receita para a época. Em 94, começa a perceber o espaço que existia na comunicação empresarial. Fazia pequenos aluguéis de equipamento, montava alguns vídeos, apresentações e tudo o mais que as empresas precisavam para seus encontros e convenções. Porém, ainda num negócio pequeno. Mas ele inova, usando programas como *slideshow* e fazendo uma assessoria mais completa às empresas.

Na época, empresas como a Miksom e TV1 reinavam absolutas, porém eram muito mais caras. Além disso, por serem maiores, não conseguiam dar a mesma atenção que Correia. Ele tinha disposição e tempo. Era um artista de sete instrumentos. Fazia de tudo um pouco. Pegava o *briefing* e corria atrás das soluções. E mesmo com as novas atividades, mantinha a discoteca no Clube dos Oficiais, que, aliás, abrigava também seu escritório de comunicação empresarial. A discoteca acabou em 94 para tristeza de Correia. Mudou o comando do clube e decidiu-se trocar tudo. Com isso ele perdeu não só a sede do escritório como também uma receita significativa. No final de uma semana, depois de uma domingueira, Correia ia para casa com algo como R$ 40 mil líquidos, livres de despesas e impostos. O fim desse período o forçou a repensar. Tinha recursos, mas precisava definir seu futuro. Sabia que esse futuro estava na comunicação, mas precisava se estruturar para vencer.

Aqui se vê claramente a veia empreendedora de Correia. Mesmo abatido com a repentina perda de suas bases, olha para a frente, não se intimida e segue seu caminho. A esta altura ele sabia claramente que o mercado executivo nunca pagaria a ele o mesmo que retirava de seus negócios próprios. Nunca teria a mesma flexibilidade e autonomia. Mas sabia de todos os riscos. Lembrem-se: estamos falando de 1994. Mudança da moeda, planos econômicos, política questionada e tudo o mais. Mas prevaleceu a vontade de fazer. Correia investe na sua SubWay Link. Quando questionado sobre o nome, explica que em torno de 86/87 foi para os Estados Unidos estudar e curtir. Morou em Chicago e ouvia muito uma gíria: *subway*. Isso significava fazer algo mais rápido, pegar um atalho. Achou que esse seria um bom nome e apostou nele na hora de batizar a empresa. E parece mesmo que deu certo. Em algo como 20 anos, a SubWay de Correia emprega diretamente cerca de 160 pessoas e esse número dobra. Continua tendo um excelente EBITDA.

Ele diz que divide sua empreendedora, "se é assim que posso dizer", em três fases:

- empreendedorismo por sobrevivência: "minha família era simples, tinha recursos, mas eu precisava da minha grana...";
- empreendedorismo por oportunidade, "que se iniciou em 94 quando vi a oportunidade do mercado de comunicação corporativa. Ou eu, mais uma vez, agarrava a oportunidade, ou alguém iria fazê-lo. Nessa época já tinha uns 35 funcionários e todos CLT. Sempre procurei fazer tudo correto, olhando carreiras e tudo o mais";
- empreendedorismo por oportunidade profissional, que se inicia em 2004...

"Acho que isso é uma fotografia das minhas fases" complementa Correia.

Em 2004, ele concorre ao prêmio Empreendedores do Novo Brasil da revista *Você S. A.* e fica entre os 20 finalistas. No dia do painel final de avaliação, tinha o melhor EBITDA, um endividamento ridículo, funcionários competentes, uma carteira estável de clientes, faturava entre R$ 5 milhões e R$ 6 milhões e tinha quase 50% de margem. Mas não foi vencedor. Ficou indignado. Seus concorrentes aparentemente eram muito piores do que ele. Resolve entender o que ocorreu e ouve a seguinte análise dos organizadores: seu negócio é bom, mas não tem escala. É como um *show* do Roberto Carlos; se ele não vai, não tem *show*. Depende totalmente de você!

Isso o faz, mais uma vez, pensar o seu negócio. Achava até então que nadava num mar de rosas, mas as pessoas que o avaliaram tinham certa razão. Era preciso olhar de fora para dentro e ele não estava fazendo isso. Correia tinha algum capital e começa então a pesquisar e olhar coisas novas e não necessariamente em seu segmento. Na aflição de comprar algo, fazer alguma coisa a mais, quase compra uma fábrica de shampoo. Isso mesmo: *shampoo*. Um corretor, com alguns mandatos de negócios, quase o convence a fazer isso. "O corretor era bom de venda. Num almoço com ele, quando fui conhecer a tal fábrica, ele me perguntou: 'Arnold, você acha que quantas pessoas aqui, nesse restaurante, vão fazer um vídeo corporativo nos próximos 12 meses? E agora olha de novo e pensa: quantos vão comprar *shampoo*?' Era ou não para pensar?" brinca. Comentando a oportunidade com Betão, amigo e antigo colaborador da empresa, a resposta foi: deixa disso, não tem nada a ver com a gente.

Correia decide então viajar para os Estados Unidos e ver novidades. Vai primeiro a uma feira de negócios e depois visita o Wall Mart que já era seu cliente no Brasil. Lá conhece a Wall Mart TV e vê aí mais uma grande oportunidade. O negócio lhe parecia simples e plenamente executável com a estrutura que ele tinha. De volta ao Brasil, faz o que, segundo ele, não passava de um rascunho de plano de negócios. Apresenta-o a seus clientes e fica à espera de um primeiro candidato. Armou tudo, preparou--se e ficou no *follow-up*, pois, como já vimos, na opinião de Correia, não adianta achar a oportunidade. Tem de fazer acontecer. E o primeiro cliente veio, e veio forte. Ninguém menos que o Magazine Luíza, uma empresa-brasileira com sede em Franca (interior de São Paulo), existente há mais de 50 anos. Foi fundada por Luiza Trajano Donato, e que hoje tem como presidente da *holding* Luiza Helena Trajano.Tornou-se uma das maiores redes de vendas a varejo do Brasil, possuindo cerca de 450 lojas localizadas nos Estados de São Paulo, Minas Gerais,Paraná, Mato Grosso do Sul, Goiás, Santa Catarina e Rio Grande do Sul. A oportunidade acabara de virar realidade. Em apenas 45 dias foi ao ar a TV Corporativa do Magazine, com cerca de 450 pontos de recepção em funcionamento. "Fizemos tudo em tempo recorde e com qualidade. Estive à frente de tudo. Montamos um estúdio completo em Franca, interior de São Paulo, montamos *up-link*, autorizações, som, levamos engenheiros, equipe de conteúdo e tudo o mais. Uma verdadeira loucura, mas muito sadia", relata Correia.

Ele consegue então o segundo cliente: o Wall Mart. "Eles exigiram um teste por 60 dias. Nesse período operamos uma TV corporativa de dentro de um contêiner, mas valia. Eu sabia que ia dar certo. Ligamos mais 720 pontos", conta.

Nesse momento ele já tinha um negócio bem estruturado, "escalável" e com receitas recorrentes. Inquieto, em 2006 faz uma nova viagem com olhos abertos a novidades. Dessa vez encontra o mercado de mídia digital *out of home*. Essa nova mídia foi a solução encontrada em países do Primeiro Mundo para atingir o consumidor no momento certo, ou seja, da sua decisão de compra, ou de uma forma mais espontânea, quando ele está carente de algum atrativo para amenizar a sua espera. Mais uma vez, Correia vê que tinha toda condição de lançar isso no Brasil.

Em 2006 ele já estava operando no SAM's Club. E seguiu em frente: Ri Happy, Magazine Luiza, Bom Preço, Big, American Express estão em seu portfólio.

Correia não é do tipo de parar. Segundo ele, agora é um momento de consolidar. Vê grande futuro na mídia. Assim como seu negócio foi inovador na comunicação corporativa, o está sendo agora na área de mídia. Isso exige um comportamento meio jesuítico. Está sempre catequizando alguém sobre suas iniciativas e novidades.

Ex-atleta, lutador de judô dos bons, não perdeu nunca a garra e o espírito competitivo. Entende que o segredo do sucesso está em buscar oportunidades e agarrá-las com afinco. Para ele, capital humano é tudo. "Nem sempre um bom currículo significa um bom colaborador. Acho até que a parte técnica a gente ensina. Caráter não! Os fundamentos vêm de casa, da família, dos amigos. O brilho nos olhos, a dedicação e a fidelidade são muito importantes", coloca. Por isso mergulha e submerge nos negócios. De tempos em tempos, delega mais ou retoma mais para si. A entrevista aconteceu em sua sala na SubWay. Durante o papo ele não despregou o olho dos computadores em meio a um *back-up* de segurança. Na mesa e nas prateleiras fotos de Barbara, a esposa, e dos filhos Danilo e Luiz, mostram quais são suas paixões. Não tem mais tempo para a guitarra ou mesmo para o judô. Mas seu tempo e seu coração estão sempre muito bem preenchidos pela paixão empreendedora: sua SubWay, seus colaboradores, seus clientes, fornecedores, família e amigos.

CASOS E CAUSOS

Nos meus livros anteriores, tive a oportunidade de falar com gente muito interessante e, acima de tudo, interessada em dividir seus aprendizados transformando-os em ensinamentos. Gente nobre de espírito que não se omitiu. Gente que abriu mão de seus afazeres e prazeres. De seu tempo. Tudo para se dedicar a reconstituir e reproduzir fatos que pudessem colaborar com conteúdo e consecutivamente com a riqueza da leitura.

Na hora de escrever este livro, revisitei meus livros anteriores e deles retirei uma boa dose desses ensinamentos. Não poderia, por razões lógicas, reproduzir aqui todas essas histórias maravilhosas. Sendo assim, elegi alguns que, desde o lançamento dos livros, foram muito citados e comentados.

São histórias com "H" maiúsculo. Fatos verdadeiros. Vividos, sofridos e comemorados. E, por conterem tanta verdade, é que são tão interessantes.

Nas páginas que se seguem, apresento experiências contadas. Sem hierarquia alguma. Uma coletânea de histórias resumidas, mas que transmitem tanto o espírito executivo, como o espírito empreendedor dos interlocutores. E, em alguns casos, fica clara a mistura dos espíritos empreendedor e executivo sempre na busca do melhor resultado e também da paz interior.

um executivo de coração

Fabio Barbosa

presidente do Grupo Santander Brasil

"Crer para ver ... é bem diferente de ver para crer..."

Tenho a impressão de que existem uns três ou quatro "Fabio Barbosa" que se revezam. Ninguém nota, mas que tem, tem. Desde que tive o prazer de conhecê-lo pessoalmente, por volta de 2001 quando escrevi meu primeiro livro, fico impressionado em ver como ele administra tantos assuntos ao mesmo tempo. Muitas foram as vezes nesse período que enviei um *e-mail* a ele num domingo, liguei tarde no banco, deixei um recado e nunca deixei de ser atendido.

Barbosa diz que não planeja, nem nunca planejou, sua carreira. As coisas na vida dele acontecem. "Jamais me imaginaria na posição que tenho hoje" coloca, com bom humor, humildade e serenidade. Sua filosofia, segundo ele, é muito simples: sempre fazer o melhor que pode em tudo que faz na vida. Isso, talvez, crie as condições necessárias para que as coisas aconteçam. "Competência é transpiração. Você vai trabalhando e o resultado aparece, naturalmente. Ninguém pode simplesmente almejar um resultado: o que se pode e se deve fazer é trabalhar duro nas premissas que, aí sim, deverão lhe trazer os resultados," completa Barbosa.

Nascido em 3 de outubro de 1954, é libriano e santista roxo. Faz parte da chamada "geração Pelé". Ele teve boas escolas na vida. Formou-se em São Paulo no Colégio São Luiz. Fundado em 1867 em Itu (interior de São Paulo) pelos padres jesuítas, o colégio foi transferido para a cidade de São Paulo em 1918. Hoje está mais do que consolidado como sinônimo de tradição e é um marco da educação paulista. Várias personalidades com trabalhos reconhecidos em diversas áreas passaram pelas salas de aula desse colégio, tais como o senador Eduardo Matarazzo Suplicy, Horácio Lafer Piva (ex-presidente da Fiesp), o navegador Amyr Klink e a atriz Maria Fernanda Cândido. Em nível universitário, Barbosa formou-se no curso de administração da Fundação Getúlio Vargas. Depois dessa boa formação básica, resolveu investir num MBA na Suíça. "Na época precisei vender um carro, sacar as economias e ainda recorrer à família. E, para complicar, decidi me casar pouco antes de ir viajar. Peguei dinheiro com pai, avô, sogro... e no fim deu tudo certo", lembra Barbosa. A temporada na Europa, principalmente num país como a Suíça, mudou muito a sua vida. A Suíça é um país sem costa marítima, cujo território é dividido geograficamente entre o Jura, o planalto suiço, e os Alpes. Sua população é de aproximadamente 7,8 milhões de habitantes e concentra-se principalmente no planalto, onde estão localizadas as maiores cidades do país. Entre elas estão as duas cidades globais e centros econômicos: Zurique e Genebra. É um dos países mais ricos do mundo relativamente ao PIB *per capta* calculada. Zurique e Genebra foram classificadas como as cidades com melhor qualidade de vida no mundo, estando em segundo e terceiro lugar respectivamente. "Foi um período espetacular! Não apenas no que diz respeito ao aprendizado no MBA. Diria até que muito mais pelo aprendizado de vida. Tive a oportunidade de conhecer a Europa de trem, fazer uma dezena de bons amigos entre meus colegas de curso, de conviver com gente do mundo todo e ter contato com diversas crenças e religiões" conta Barbosa, fazendo um breve resumo da riqueza dessa experiência fora do Brasil.

Em 1980, já de posse de seu MBA, ele vai trabalhar na Nestlé, na área de finanças, mais especificamente na tesouraria. Os primeiros registros da presença da Nestlé no Brasil datam de 1876. Um anúncio no jornal *A Província de São Paulo* informava sobre a importação e comercialização da farinha láctea Nestlé. Em 1921, a empresa iniciou sua produção no Brasil, tendo sua primeira planta em Araras, interior de São Paulo. O leite condensado Moça foi o primeiro produto da empresa a ser fabricado no Brasil. Com o seu sucesso, vários outros produtos foram lançados e, atualmente, são comercializados no território brasileiro mais de 1.200 itens sob a chancela da Nestlé.

Barbosa rapidamente mostrou domínio do assunto e, por sua experiência internacional, foi indicado para uma operação da companhia em Stamford, no estado de Connecticut. Trata-se de uma cidade com pouco mais de 120 mil habitantes, a segunda mais populosa de Fairfield County, após Bridgeport. Tem um importante centro financeiro e diversas zonas residenciais e comerciais. Faz parte da zona metropolitana de Nova York. Barbosa fica nessa operação por dois anos e de lá vai para a sede da Nestlé na Suíça, onde permanece até 86.

De volta para o Brasil, ingressa no Citibank, sua primeira e proveitosa experiência em bancos comerciais. A ida para o Citibank foi, segundo ele, resultado de uma forte crença de que deveria atuar nesse mercado. Lembram da história dele com crenças? "Não importa o que você faça, em que tipo de indústria esteja, é sempre melhor trabalhar onde você tenha função central e em um lugar onde seu conhecimento seja realmente válido", analisa Barbosa.

Deu muito duro no Citibank. Chegava cedo, saía tarde, pesquisava, lia muito. "Eu sabia que não era mais inteligente que ninguém. Sendo assim, a única chance que eu tinha para realmente fazer a diferença era dedicar mais tempo aos negócios do que os outros dedicavam. E foi isso que eu fiz", completa, fazendo hoje uma analise desse período profissional.

Fabio ganhou no Citibank, onde ficou até 93, um apelido carinhoso: o suíço. Isso porque sempre foi muito pontual e super-rígido consigo mesmo.

De lá, foi trabalhar no LTCB – The Long Term Credit Bank of Japan. Abreviado LTCB em inglês e Chogin em japonês, foi fundado em 1952 sob a direção do governo para fornecer financiamento a longo prazo para várias indústrias no Japão. Juntamente com o Banco Industrial do

Japão e o Banco Kangyo Nippon. Foi um dos principais financiadores do desenvolvimento econômico do pós-guerra no Japão. Após problemas com ampla inadimplência na década de 1990, o banco foi nacionalizado em 1998 e, finalmente, vendido em 2000 para um grupo liderado pela norte-americana Ripplewood Holdings. O Ripplewood LTCB foi reestruturado como um banco comercial, Shinsei Bank. Em 95, um *headhunter* especializado no mercado financeiro acenou para Barbosa com a possibilidade de ir trabalhar no ABN Amro. "Àquela altura, eu já estava querendo uma organização maior e que tivesse maior comprometimento com o Brasil. Uma empresa que demonstrasse o que chamo de 'interesse verdadeiro'. Que fosse efetivamente investir aqui", lembra. Ele já vinha recusando ofertas de outras empresas exatamente por não ver essa preocupação como um dos seus pilares estratégicos. E até confessa que, naquele momento, não tinha uma impressão muito diferente do ABN em função da atividade da empresa na época. "O que me encantou e convenceu foi o fato de estarem trazendo para o Brasil a sede de gerenciamento dos negócios da empresa na América Latina. Isso materializava a intenção." A conversa com o ABN foi boa. Eles apresentaram a Barbosa a estrutura de uma grande operação de eurobônus com a Eletrobrás, ou seja, um investimento de monta. E isso era tudo que Barbosa queria.

Começou então no banco como diretor de *corporate finance* lidando sempre com grandes empresas. Em julho de 96, o presidente do banco, que era um holandês, foi transferido para Roterdã. Com apenas dez meses de casa, sendo brasileiro, Barbosa foi chamado para assumir o cargo. Em sua opinião, pela cultura da organização, aquilo ia contra todas as marés. Mas, pelo visto, essa não era a opinião do banco que viu no executivo a bagagem e a seriedade esperadas para alguém que iria assumir a importante posição. Ele tinha conhecimento do negócio, boa vivência em controladoria, em *back-office* e, acima de tudo, a disciplina e a transparência necessárias. Apesar do impacto e da consciência da responsabilidade que estaria assumindo, Barbosa aceitou o convite. "Foi nessa hora que eu abri meus horizontes e mergulhei profundamente na área financeira, que era o forte do banco no País naquele momento", explica. Só para lembrar, o Aymoré naquela época já era líder de mercado em financiamentos de automóveis.

Os negócios seguiram bem até 97, mas Barbosa sentia que precisava de algo a mais, sob a pena de o banco ser diluído. Então, surgiu a possibilidade da negociação com o Banco Real, de Aloysio Faria.

Faria tornou-se banqueiro com a morte de seu pai, Clemente Faria e levou o antigo Banco da Lavoura um banco de médio porte do Estado de Minas Gerais, a tornar-se o Banco Real, um dos maiores do Brasil.

Após vender o Real para o grupo holanês ABN Amro Faria fundou o Grupo Alfa. Além do Alfa, é proprietário de cerca de mais de 18 empresas, entre elas emissoras de rádio, hotéis, fontes e engarrafamento de água. O primeiro contato entre ABN e Real deu-se no final de 97 e até a compra foram cerca de sete meses. Um tempo recorde para uma operação como essa. Para Barbosa, a operação à época de mais de US$ 2 bilhões serviu como uma confirmação, a prova das intenções dos holandeses de investir no Brasil. Junto com Floris Deckers, que respondia na época pela diretoria América Latina, Barbosa foi o piloto da fusão e, em seguida, de todo processo de integração. Processo esse que, como todos sabem, é complexo e muito arriscado. "Conseguimos fazer um processo de integração sem rupturas. Trabalhamos, e muito, sobre pontos-chave típicos de uma operação como essa: controle, otimização, alocação de recursos e investimentos em tecnologia. E o mais importante: tudo sem perder de vista o elemento humano", recorda-se Barbosa, com uma positiva nostalgia. Ficou no *board* da nova instituição Flamarion Nunes. Segundo Barbosa, a presença dele foi vital, pois carregava consigo a cultura Real. "Tive com ele uma excelente química, no sentido de somarmos nossas culturas, ou seja: eu com a cultura do banco comprador, e ele com a cultura do banco adquirido. Éramos juntos o ponto de equilíbrio", complementa. Primeiro analisou-se quem era quem. Depois veio a reestruturação da equipe e daí o imenso esforço para obter o engajamento das pessoas. A dedicação de Barbosa nesse processo foi tão grande que, pela primeira vez na vida, ele sentiu os sinais de cansaço e precisou de uma semana de férias.

No primeiro dia de trabalho, pós-fusão, Barbosa viu-se responsável por nada mais, nada menos que 22 mil funcionários. Optou então pela transparência, sua marca registrada até hoje. Ele deixou muito claro que precisava trazer as pessoas para junto do processo decisório, engajá-las no espírito da nova empresa de forma que pudessem acreditar naquele banco e dele se orgulhar. "O objetivo naquela época era o de disseminar uma atitude verdadeira de foco no cliente, contando com instrumental adequado, pessoal fortemente comprometido e com acurado senso ético". ressalta. E Barbosa sabia que o exemplo deveria vir de cima. Ele tem como política que ele e seus diretores não estão lá para desfrutar dos privilégios, mas sim para darem os exemplos. "Eu sempre alerto o pessoal de que o jogo é duro, mas que é só na bola. Na canela, não!".

Barbosa aprendeu com a família que agir corretamente é tudo. Para ele, postura ética nunca foi e nem será fator de restrição. Ao contrário, é sempre fator de inspiração. Um verbo recorrente na cartilha de Fabio Barbosa é *mobilizar*. Aliás, ele tem certeza de que uma das principais funções de um bom executivo, ou mesmo de um bom empreendedor, é essa: mobilizar pessoas. Historicamente as boas causas mobilizam pessoas. Empreender não deixa de ser assumir uma boa causa. Segundo Barbosa, ganhar dinheiro, pensar somente nos lucros, não mobiliza ninguém. Boas instituições têm de ter boas causas. "Fazer uma doação por fazer, por maior que seja, nunca vai resolver o problema. Pode abrandá-lo naquele momento. É preciso que as organizações entendam o seu papel social como um todo. Como um processo. Um compromisso maior", afirma. Dessa forma, ele entende que os colaboradores se engajam mais facilmente. Com esse exemplo, eles passam também a assumi-la. Doar seu interesse e seu tempo. "Ao financiar o consumo, um banco financia o investimento. E, ao fazer isso, estimula o crescimento econômico. Quando aplicamos recursos de nossos clientes na poupança estamos prestando um serviço importante ao crescimento do País. Isso, no fim, é uma causa", ressalta Barbosa.

Outro verbo recorrente de Barbosa é o respeitar. "Quando se respeita a individualidade, as crenças, os espaços, os colaboradores e tudo o mais, estamos criando e mantendo relações sadias. E isso é a base de tudo!". Quando questionado sobre os grandes desafios de uma empresa nos dias de hoje, ele fala direto: capital humano. Ao contratar alguém, ele busca brilho nos olhos, vontade de aprender, espírito realizador, para não dizer empreendedor. Procura gente de bem com a vida. Com engajamento. Para sua equipe mais próxima procura gente boa, exigente, com qualidades que o complementem. Barbosa coloca que tem mais de 50 anos e que não se conhece bem até hoje. Portanto, sabe da enorme dificuldade de conhecer realmente uma pessoa, em uma entrevista de 15 ou 20 minutos.

Ele foi, sem dúvida, o maior responsável pelo processo de integração das culturas do Banco Real e do ABN Amro. Com o passar dos anos, colocou em práticas alguns valores pessoais que julgava muito importantes para a sua vida e carreira como ética e foco no trabalho. A frase "dar certo, fazendo a coisa certa, do jeito certo" foi o seu lema de gestão por muito tempo à frente do banco. Desde 2000, com base nessa crença, o Banco Real colocou efetivamente em prática uma das mais bem-sucedidas iniciativas de sustentabilidade ligada aos negócios, resultando em amplo reconhecimento nacional e internacional. O *case* de integração de sustentabilidade aos negócios virou até objeto de estudo pela renomada Universidade de Harvard.

Em 2006, o Banco Real foi escolhido o "Banco Sustentável do Ano em Mercados Emergentes", na 1ª edição do "Sustainable Banking Award" elaborado pelo *Financial Times*. No mesmo ano, o banco também foi agraciado pela Câmara Internacional de Comércio com o World Business Awards, um prêmio que reconhece os esforços de instituições para o cumprimento dos Objetivos do Milênio. Em 2007, Barbosa assumiu a presidência da Febraban, sendo o primeiro presidente de um banco estrangeiro a presidir essa entidade. Em 2008, além de ter sido reconhecido por importantes prêmios nacionais, o Banco Real voltou a ser reconhecido pelo *Financial Times*, dessa vez como o banco mais sustentável do ano no mundo. Barbosa foi considerado pela revista *Época* um dos cem brasileiros mais influentes do ano de 2009. Em julho de 2008, foi nomeado presidente do Grupo Santander no Brasil. Atualmente, o Santander é o terceiro banco privado por volume de ativos (no Brasil) e o primeiro entre os bancos internacionais. A sua base de clientes ultrapassa a casa dos 8 milhões. Possui cerca de 3.600 pontos de venda.

Barbosa é também membro do Conselho de Administração da Petrobras e membro do Conselho de Desenvolvimento Econômico e Social da Presidência da República do Brasil.

Busca praticar uma "presidência informal", daquele tipo em que o presidente também arregaça a manga e vai à luta. Diz-se bancário e não banqueiro. Mesmo assim, sempre foi muito mais um empreendedor do que um executivo nas posições que ocupou até hoje.

É do tipo que passa despercebido. Divide seus finais de semana entre programas com a família e viagens até a fazenda no interior de São Paulo.

E é um excelente orador. Calmo, fala devagar, baixo. Aos poucos conquista a todos, sem alarde algum. Fez, durante a nossa entrevista, uma ótima retrospectiva de sua vida profissional, humilde, com dicas e uma maneira muito própria de contar as coisas. Barbosa, como eu, gosta de rabiscar, para organizar as ideias. Pediu papel à secretária antes de começarmos a falar.

Durante a entrevista elaborou várias frases que poderíamos até dizer que de alguma forma retratam sua personalidade executiva. Aqui, listo algumas delas:

- Não deixe que a inércia tome conta da sua vida;
- Vim trabalhar no Brasil com empresas que têm comprometimento com o país;
- O jogo é duro, mas é na bola, não na canela (repetiu, seu mantra no Real);
- Dar certo, nas coisas certas, do jeito certo;
- Seja o que você é. Eu não consigo ser malandro, não sou bom nisso;
- Há um falso dilema: fazer certo X dar lucro;
- Não sou contra derrubar árvores. Sou contra ilegalidade;
- Resultado = resulta de alguma coisa. Não dá para olhar só o resultado;
- Lucro = cliente satisfeito = funcionário satisfeito (+ marca/sustentabilidade);
- O Brasil está revendo seus valores. Esta é a hora;
- Não sou capaz de tocar um banco de outro jeito (sobre a ética nos negócios);
- Ninguém tem coragem de falar alto "sou contra a ética";
- Transparência sim (sobre seu estilo de liderança);
- Não vire torcedor, aja;
- Gestão = alinhar objetivos das pessoas com os da empresa;

Barbosa foi pura atenção para comigo e para com este livro. Isso também comprova seu desprendimento para com relação a dividir seu rico aprendizado. Já foi professor universitário e, quando questionado, não fecha de todo a porta para a possibilidade de "um dia" ainda dedicar--se à política. Mas não importa o que faça, será sempre o mesmo Fabio Barbosa.

Coteminas – uma marca brasileira que conquistou o mundo; uma família que conquistou o país

Josué Gomes

presidente da Coteminas

"Meu filho, o importante na vida é poder voltar."

Antonio Gomes da Silva (pai de José Alencar e avô de Josué)

Tal pai, tal filho. Nada poderia ser mais verdadeiro na relação de José Alencar – nosso vice-presidente da República, e de Josué Christiano Gomes da Silva atualmente à frente da empresa da família: a Coteminas.

Josué passou a exercer, em 1996, a superintendência-geral da companhia, ocupada por José Alencar desde a constituição da empresa em 1967.

A empresa fundada por Alencar consome anualmente 100 mil toneladas de fibras – 12,5% de todo o consumo nacional de algodão. Suas fábricas, localizadas quatro em Montes Claros (MG), três em São Gonçalo do Amarante e Macaíba (RN), três em João Pessoa e Campina Grande (PB) e uma em Blumenau (SC), ocupam uma área coberta e climatizada de 940.254 m². Os terrenos onde estão as 11 unidades se espalham por cerca de 3.853.560 metros quadrados, sendo a área urbanizada de 1.847.190 m². Somando as coligadas, emprega mais de 16 mil brasileiros. Uma sólida referência ao sucesso do empreendedorismo nacional.

Podemos dizer que o nascimento de Josué já foi um presente à família de Alencar. Filho de José Alencar e Mariza, nasceu no dia 25 de dezembro de 1963, numa noite de Natal, no seio de uma família extremamente católica. Precisamente, quatro anos depois do infeliz e prematuro falecimento, aos 45 anos de idade, de seu tio Geraldo, o irmão querido de José Alencar, responsável direto pelo início de seu sucesso empreendedor.

Em 1992, quando Josué, aos 29 anos de idade, assumiu o cargo de diretor-financeiro da indústria fundada por seu pai, a Coteminas tinha três fábricas, produzia 8 mil toneladas de tecido e faturava R$ 60 milhões por ano. Nessa época a empresa não exportava absolutamente nada. Fruto da nova orientação, a Coteminas abriu seu capital, tendo suas ações negociadas em bolsa. Hoje, são 11 unidades que fabricam e distribuem produtos que ostentam conceituadas marcas de sucesso no mercado. São fios, tecidos, malhas, camisetas, meias, toalhas de banho e de rosto, roupões e lençóis para o mercado interno, para os Estados Unidos, a Europa e o Mercosul.

A história de Josué seria mais uma daquelas de pessoas que nasceram e foram criadas numa família que partiu do zero e construiu um império, não fosse pela singularidade dele e de seu pai.

Josué é uma figura reservada, pouco vista. Nasceu em Ubá, caçula de duas irmãs – Maria da Graça e Patrícia – mudou-se com a família em 1968 para Belo Horizonte. Nos estudos básicos, por ser o único varão da casa, foi bastante exigido e tirava as melhores notas em todas as escolas que frequentou.

Dedicado, cursou simultaneamente duas faculdades: Engenharia na Universidade Federal de Minas Gerais, e Direito, na Faculdade Milton Campos, onde conheceu Cristina, sua esposa.

Mesmo com duas faculdades não sossegou. Começou na sequência um curso de MBA em Administração na Universidade Vanderbilt, famosa entre outras coisas por seu belo *campus* dentro de um parque em Nashville, Tennessee (EUA). Sua busca por boas notas, característica da infância, fez com que na Vanderbilt ele conseguisse ser o primeiro colocado de uma turma de 233 alunos. Após o MBA, de volta para o Brasil, ingressou na Coteminas.

Josué é um indivíduo competitivo, mas no bom e sadio sentido. Odeia a preguiça e admira muito aqueles que trabalham com vontade. E, assim como seu pai, nunca deixou de se dedicar à família e à comunidade. Tem grande paixão por tecnologia, mas reclama das máquinas. Costuma fazer a análise de que tanto a tecnologia quanto as novas ferramentas são feitas para liberarem mais o homem, mas que, no fundo, o aprisionam ainda mais. "É só ver o efeito que os celulares e *smartphones* geraram nas pessoas. Tudo acontece em tempo real para todo mundo. Você está ao alcance de tudo e de todos o tempo inteiro e em qualquer lugar", reforça Josué. Mesmo com sua rotina acelerada, não abre mão de alguns hábitos, tais como atender sempre que possível ao telefone pessoalmente em casa ou no escritório, dando atenção mas sem desperdiçar tempo.

Aliás, a palavra desperdício não faz parte do vocabulário deste empreendedor. Na sede, em São Paulo, não tem recepcionistas. Um terminal telefônico facilita a comunicação com a área interna sem a intermediação desnecessária e custosa. Nada contra secretárias nem assistentes. Apenas foco em facilidade e transparência. A varredura do chão das fábricas é feita diariamente e com o máximo de atenção. O objetivo é que não se perca nada. Enfim, toda uma gama de medidas que visam à economia e lucratividade e a melhores resultados. E qualquer ideia nesse sentido é sempre bem recebida.

"Estou aberto a ouvir todos os colaboradores, fornecedores e amigos. Toda contribuição para economia e maior produtividade é bem-vinda", acrescenta Josué.

Recordo que, depois de um certo tempo sem vê-lo, o reencontrei num jantar do Conselho do Instituto Talento Brasil. À época, Josué havia emagrecido bastante, não por vaidade, mas sim por foco na saúde. O terno que vestia era da fase em que estava mais "cheinho". Então brinquei com ele se aquilo era *marketing* pessoal para demonstrar os quilos eliminados e ele, mineiramente, disse: "Para que comprar outro? Este está tão bom!". Isso ilustra de forma singela a maneira Josué de ser.

Com toda razão e hoje o apoio nacional, seu grande exemplo é o pai. E, lembrando nosso bloco inicial que tratá da "herança familiar", vemos que nesse caso se trata de uma herança benéfica e ímpar. José Alencar teve 14 irmãos. Começou a trabalhar aos 14 anos de idade, no comércio, na cidade mineira de Caratinga. Então, aos 18 anos de idade, resolveu que essa vida de empregado não era para ele. Neste caso, o espírito empreendedor era latente. Seu pai, Antonio Gomes da Silva também era um empreendedor atuante no comércio mineiro.

José Alencar abriu seu comércio: a Queimadeira. Uma loja de tecidos que, como o sugestivo nome já propunha, não perdia freguês. O capital inicial veio de um irmão. Para economizar, Alencar morava no próprio comércio. Dormia nos fundos da loja numa cama improvisada com caixotes de madeira com um colchão de feno. Estabeleceu para si, mesmo na condição de dono, uma retirada fixa de dinheiro suficiente só para sua subsistência, que correspondia à época à metade do que ganhava como empregado. O restante reinvestia totalmente no negócio.

José de Alencar teve sucesso e, como bom mineiro que é, amante de provérbios e ditados, é o protagonista de uma série de máximas que cercam Josué, colaboradores, amigos e agora todo o nosso país.

Dentre esses, elegi apenas cinco:

- o importante nas empresas não são paredes e máquinas. São, antes de tudo, as pessoas.
- nem todo ótimo negócio deve ser feito. Por mais tentador que seja, você pode não estar preparado para ele e, então, aquilo que era ótimo torna-se rapidamente um péssimo negócio.
- negociar não tira pedaço de ninguém. Regateie o quanto puder.
- o que sustenta uma empresa é o mercado e, quanto maior ele for, melhor.
- há momentos na vida em que você se lamenta por não ter conseguido fechar um negócio ou atingir um objetivo maior, por mais que se

tenha esforçado para isso. Paciência. Não é possível conseguir tudo e à frente sempre surgirão outras oportunidades e desafios.

E foi nesse clima que Josué foi criado e preparado para suceder seu pai. E o fez em grande estilo. A empresa é hoje um ícone nos mercados nacional e internacional. Ele, Josué, mesmo mantendo uma política discreta, é um dos empresários mais atuantes e influentes do País.

Josué, assim como o pai, coleciona frases e provérbios. Poderia aqui listar uma dezena deles, um mais rico que o outro. Porém, um deles me chamou mais atenção em meio à entrevista tendo em vista o tema do livro:

"Não importa o que você faça: se houver humildade, honestidade, foco e dedicação, não há o que não dê certo."

E é com essa mensagem que gostaria de acabar este rico pedaço do livro.

A semente de tudo

Um pouco mais da história de José Alencar

Como numa fábula, era uma vez um casal que morava num povoado à margem do Rio Glória, chamado Itamuri, município de Muriaé, Minas Gerais. Ele, Antônio Gomes da Silva, pequeno comerciante. Ela, Dolores Peres Gomes da Silva, dona de casa. Um casal tipicamente mineiro na sua simplicidade, no culto aos valores espirituais e morais e na vivência familiar austera, impregnada de amor.

Foi nesse cenário que, num dia 17 de outubro, ano de 1931, Antônio e Dolores viram chegar ao mundo o seu décimo primeiro descendente, de uma prole de 15 filhos.

Nascia ali uma criança que, pela humildade da família e pelas difíceis condições de então, tinha tudo para ser mais um brasileiro, até na singeleza do nome, fadado a cumprir um destino igual ao de milhões de outros compatriotas que passam pela vida apenas lutando para sobreviver.

O recém-nascido trazia consigo dons e atributos de um predestinado. Ao carinho e ao amor encontrados no ambiente familiar, aos exemplares princípios que lhe foram passados desde tenra idade, o menino desta história aliou a perseverança e a determinação; à inteligência acrescentou criatividade e capacidade de trabalho. Tornou-se um símbolo vivo dos que, sabendo vencer desafios e superar dificuldades, constroem com dignidade e grandeza uma vida de vitórias pessoais, decididamente comprometida com a edificação de um mundo melhor.

José Alencar começou cedo. Aos 7 anos, ensaiava os primeiros passos no comércio atrás do balcão da loja do pai, "mais para atrapalhar do que para ajudar", admite Alencar. Aos 14 anos, decidiu que era hora de ir mais longe.

Em 1946, deixou a casa paterna, indo para Muriaé trabalhar como balconista na loja de tecidos "A Sedutora". Na partida, ouviu um conselho do pai: "Meu filho, o importante na vida é poder voltar". Desse conselho nunca mais se esqueceu e, graças a Deus, não precisou voltar.

Durante bom tempo, lá em Muriaé, José Alencar dormiria em um catre, no corredor do Hotel da Estação. O pequeno salário de 300 cruzeiros não dava para pagar o quarto.

Em maio de 1948, Alencar se mudou para Caratinga. Levava consigo 2 cruzeiros e 30 centavos no bolso e a mesma malinha de madeira com que saiu de casa. Precisou pouco tempo para ser considerado, a exemplo do que já havia ocorrido na loja "A Sedutora", de Muriaé, o melhor vendedor também da "Casa Bonfim", de Caratinga. "Lá comecei ganhando 600 cruzeiros mensais e pagava 300 de pensão. Uma pensão de categoria, vamos dizer, uma estrela", recorda de maneira bem-humorada e saudosista.

Foi nessa época que seu irmão mais velho, Geraldo Gomes da Silva, emprestou-lhe 15 mil cruzeiros para que o experiente jovem de 18 anos de idade, começasse seu primeiro negócio. No dia 31 de março de 1950, abriu as portas da sua primeira empresa: "A Queimadeira". Localizada na Avenida Olegário Maciel, 520, no Barro Branco, em Caratinga. Uma firma individual: José Alencar Gomes da Silva. "Foi com esses 15 contos que comecei minha lojinha em Caratinga. Duas portas de madeira. Ela não foi inaugurada, foi somente aberta. O Geraldo, meu falecido irmão, se dispôs a me emprestar o capital inicial, por acreditar em mim. Sabia que eu, pelo meu modo de ser, tinha planejado tudo. Não possuía nem um tostão, mas conhecia o mercado, conhecia todos os fornecedores e todas as mercadorias. Sabia que tipo de mercadoria comprar, por quanto poderia comprar, e sabia também que meu custo seria sempre imbatível, o mais econômico da praça. Mas, aí, o Geraldo se lembrou de que eu era menor de idade, tinha só 18 anos. Meu pai resolveu a questão por meio de escritura pública de emancipação".

O nome do estabelecimento foi sugerido por um viajante comercial português, o senhor Lopes, com o saboroso argumento de que, "se fosse um bar, seria Bar Cristal, mas não é um bar, então é A Queimadeira, porque vai vender barato..."

Morar na própria loja, "atrás da prateleira", e comer de marmita faziam parte do esforço para baixar os custos e tornar competitivo o empreendimento, que vendia quase tudo: tecidos, calçados, chapéus, guarda-chuvas, sombrinhas, armarinho, entre outros. "Mais tarde, alguns irmãos me ajudaram: o Toninho, o Lucílio e o Tatão. Este chegou a ser sócio por algum tempo, mas, mesmo quando não participava da sociedade, ainda assim seus empréstimos sempre me valeram em momentos mais difíceis" complementa Alencar.

Chegou o ano de 1953 e Alencar decide mudar de ramo. Desde o começo daquele ano inicia o processo de preparação para passar adiante a sua "A Queimadeira". Vendê-la. À medida que ia vendendo o estoque, foi pagando todos os compromissos: com o irmão, os fornecedores, os bancos e a fazenda pública. Em dezembro, tudo pago, concretiza-se a operação. Três promissórias, com vencimentos em 30 de abril, 30 de agosto e 30 de dezembro de 1954, foram recebidas. Nada mais.

Estava encerrado o primeiro capítulo desta história. Um capítulo chamado "A Queimadeira". Um capítulo, de grande sucesso, do melhor empreendedorismo brasileiro.

sinônimo de empreendedorismo de qualidade

Luiz Seabra, Guilherme Leal e Pedro Passos

sócios-fundadores

A Natura é, sem sombra de dúvida, uma das empresas mais admiradas do Brasil.

É líder no mercado nacional de cosméticos, fragrâncias e higiene pessoal e sua, bem cuidada, marca está entre as mais valorizadas do País.

Atualmente, produz e distribui cerca de 900 produtos, nas categorias maquiagem, perfumaria, proteção solar, cuidados com o rosto, o corpo e os cabelos, entre outras. Emprega diretamente cerca de cinco mil e oitocentos colaboradores, tem mais de 1 milhão de consultoras no campo e com isso alcançou, em 2009, R$ 4,2 bilhões de faturamento e um lucro liquido superior a R$ 680 milhões de reais – cerca de 18,6 % a mais que no ano anterior. Investe, só em pesquisa e desenvolvimento, mais de R$ 120 milhões/ano.

Desde que veio ao mundo, com uma mão na frente e outra atrás, em 1969, cresceu e tornou-se um negócio rentável e atraente a investidores, colaboradores, consultores, clientes, fornecedores e mais uma infinidade de públicos e audiências.

A empresa nasceu da descoberta de duas crenças fundamentais incorporadas pelo paulistano Luiz Seabra, de alma empreendedora e de crenças holísticas. Ele está à frente da empresa desde sua fundação e, nos últimos 20 anos, vem dividindo acertadas decisões com seus amigos e sócios Guilherme Peirão Leal e Pedro Luiz Passos.

Conceitos como "conhece-te a ti mesmo" e "só sei que nada sei" são mantras permanentes que iluminam os passos de Seabra, esse empreendedor autodidata, sempre em busca do aperfeiçoamento pessoal, do compromisso com a verdade e da beleza enquanto inspiração. Parecem conceitos simples para quem construiu um império como a Natura, mas não são. Na simplicidade é que está a raiz de sua complexidade.

Seabra começou cedo a trabalhar, por volta dos seus 15 anos. "Pensando bem, para quem tinha uma família e uma origem tão simples como as minhas, nem foi tão cedo", analisa Seabra. Seu primeiro desafio profissional foi a humilde posição de calculista de custos da Indústria Gráfica Siqueira, onde seu pai era o almofaxarife. Para quem não tem familiaridade com os termos, os dois tinham posições muito importantes, principalmente numa indústria gráfica. O almoxarife é a pessoa encarregada de recepcionar os materiais entregues pelos fornecedores, conferindo as notas fiscais com os pedidos, verificando quantidades, qualidade e especificações. O calculista é responsável por precificar de forma correta e justa os serviços que estão sendo orçados. Recordo que certa vez, numa palestra para um grupo fechado de empresários, o falecido presidente do Conselho do Banco Itaú, Olavo Setúbal, quando questionado sobre erros e acertos de uma empresa, disse a todos: "As empresas podem quebrar nos detalhes, nas pequenas contas". Penso que isso explica bem a importância do primeiro emprego de Seabra.

Ele fica um ano na gráfica e de lá sai por um salário melhor. Vai então trabalhar na Remington Rand. A Remington foi uma companhia americana fabricante de computadores e o seu principal produto foi o primeiro computador do mundo chamado de Univac I. Por algum tempo a palavra "univac" foi aceita como sinônimo genérico de computador. A

Remington também fabricava equipamentos de escritório e alguns eletrodomésticos tais como barbeadores. Foi comprada pela Rayovac em 2003. Nessa empresa, com apenas 19 anos de idade, Seabra foi promovido a chefe de departamento e, aos 21, a superintendente da divisão de barbeadores elétricos. Acho que nem Seabra se deu tanta conta mas, talvez, este tenha sido seu primeiro contato com uma produto relacionado com pele, beleza e estética.

Ele formou-se em Contabilidade, o que para uma família modesta era quase um "doutorado". Casou-se aos 21 anos e aos 25 ingressou, mesmo que tardiamente, na Faculdade de Economia. Sua carreira executiva ia bem. Gostava daquilo que fazia, tinha autonomia e reportava-se apenas a um diretor de operações. Mas o destino tinha planos diferentes para ele. Curioso e dedicado, começa a se interessar pelos assuntos relacionados com a pele. Afinal, estava no mercado de barbeadores e chefiava uma equipe de vendedores. Como não tinha cultura no assunto, passou a devorar tudo o que podia sobre o tema. Livros, revistas, artigos. Até aqui Seabra nunca havia associado nada disso a passagens, no mínimo místicas, de sua vida. Passagens como uma certa conversa que havia tido com sua irmã, anos antes, quando ele tinha pouco mais de 12 anos e ela 9, sobre o futuro dos dois. Ela sonhava em trabalhar como esteticista, lidar com beleza. Falava em ter uma salinha bem arrumada e receber as clientes para tratamentos de pele. Tudo para que ficassem bonitas. Ele, ouvindo a irmã e pensando consigo mesmo, de estalo solta a seguinte frase: "Pois bem, eu vou produzir esse produtos que as pessoas vão usar". De onde veio esse pensamento? Nem mesmo ele sabe. Essas mensagens do íntimo –uma mistura de visão, vocação e determinação – vinham à tona de forma esporádica e atemporal. Seabra lembra que certa vez, na Remington, fora designado pela empresa para um curso na Associação dos Dirigentes de Vendas do Brasil (ADVB). Numa das aulas, o professor e um dos fundadores da entidade Gastão Pupo Júnior. Diz aos alunos "a imagem é um dos maiores patrimônios de qualquer empresa". Aquela frase não foi mais uma, entre tantas outras, ditas pelo mestre. Seabra recorda-se em detalhes do tom de Pupo. Aquilo era como um sino ecoando em seus ouvidos. "Naquela época eu já era preocupado com imagem pessoal. A supervalorização da imagem de modelos e artistas, tentando reproduzir padrões de beleza, me parecia excessiva e danosa à autoestima. Esta sim, uma qualidade imprescindível", completa Seabra.

De volta a seu dia a dia na Remington, foi aplicar aquilo que aprendeu na ADVB. Afinal, o mandaram lá para isso. Foi de pronto questionar a política de imagem corporativa, que era fatalmente ditada pela matriz, como em toda boa multinacional. Seabra não foi sequer ouvido. Isso o desmotivou. Ele já sentia que a empresa, como muitas outras, tinha aspectos positivos e negativos. Não apreciava o excesso de rigor nas punições dos pequenos erros. Não via razão no excesso de burocracia. Mas, por outro lado, a vivência que teve em recursos humanos aguçou seu respeito pelo ser humano, pelos times. Só que, mais uma vez, o destino conspirou para que ele mudasse. A Remington encontra problemas para continuar importando seus barbeadores da Argentina e, por conta disso, Seabra é convidado a assumir outro posto. Aquilo, de certa forma, era um chamado. Era mesmo a hora de sair.

E é aí que vêm de novo as coincidências ou a chamada "mão do destino". Na busca de uma oportunidade profissional, foi casualmente apresentado a um francês que trabalhava como esteticista em São Paulo e que tinha um pequeno laboratório de cosméticos de nome Bionat. Ele era Pierre Berjeaut que se encanta com a energia de Seabra e o convida para gerenciar a empresa. Aos 24 anos, buscando um desafio e tendo, rapidamente, conquistado a confiança do francês, só lhe cabia aceitar. O objetivo da empresa era, até então, apenas produzir cosméticos para o instituto que Pierre mantinha. As coisas começavam a se encaixar na vida de Seabra. Ali, mal sabia ele, começava uma grande paixão.

Pouco a pouco, Seabra descobria mais. Passou a entender que até ali os cosméticos eram vistos como produtos exclusivos das mulheres. Ele entendia que, além é claro do público masculino, faltava ao mercado ver esses produtos como um meio claro e simples de aumentar a autoestima e o bem-estar das pessoas. E que isso era muito mais do que simplesmente fabricar fórmulas e vender cremes.

Se o que pensava estava certo – e a história hoje prova que sim –, aquela pequena, mas bem cuidada, produção poderia ser o ponto de largada de um grande negócio.

Tudo aquilo era tão novo, e ao mesmo tempo tão óbvio, que chegava a assustar Seabra. "Conceitos como o de bem-estar só muitos e muitos anos depois vieram a ser valorizados e compreendidos pelo setor", comenta Seabra.

Depois de dois anos, e bem mais seguro, ele começou a idealizar uma empresa. Ou melhor, a criar a sua Natura. Falou com Pierre que rapidamente ofereceu a ele sociedade no laboratório, antes que perdesse para o novo projeto. Fato esse muito comum no mundo corporativo. Muitas vezes, quando uma empresa se vê ameaçada resolve valorizar um executivo da noite para o dia. Mas isso, como neste caso, nem sempre funciona. Seabra queria fazer algo dele, na visão dele. Além do aspecto emocional, a Bionat tinha alguns passivos que Seabra não julgava prudente assumir. O meio termo veio com a criação de uma nova sociedade na qual Seabra teria 20% e Jean Pierre, filho de seu ex-patrão, os restantes 80%. A contribuição visível de Jean Pierre àquela altura era muito pequena uma vez que ele tinha só 23 anos e profissionalmente havia vivido uma única experiência como estagiário em um banco e por poucos meses. A empresa nasceu no final de agosto de 1969 como Je Berjeaut Indústria e Comércio Ltda. Quatro meses depois, em janeiro de 1970, a razão social muda para Natura. Esse era o nome que transmitiria a verdadeira essência da empresa. Só por volta de 75, Seabra teve coragem de chamar o pequeno laboratório de "empresa". A Natura começou num fundo de quintal, como se diz na gíria popular. Era um predinho, espécie de galpão, alugado de um amigo com o dinheiro equivalente ao da venda de um Fusca. Esse fato demonstra com simplicidade, mas veracidade, o capital inicial da Natura.

No início da empresa, Seabra jogava em todas as posições. Era administrador, idealizador e desenvolvedor de produtos, vendedor e até consultor de estética. Como tinha um bom papo, muita sensibilidade e sabia ouvir, dava consulta às suas clientes. Registrava comentários e sugestões. Ouvia os problemas e tudo o que elas pudessem dizer. Esse rico conteúdo lhe deu mais uma vez uma grande luz: os cosméticos poderiam ser um poderoso instrumento de autoconhecimento e percepção da vida das pessoas. Estava mais que definida a missão da Natura. Só faltava materializá-la.

Passados alguns meses, um embate familiar fez com que Pierre procurasse por Seabra para lhe propor fechar a empresa. Também o convidou novamente a voltar a trabalhar com ele na Bionat. E, desta vez, a oferta era excelente. Seabra pensou, se desculpou, expressou sua solidariedade e respeito pela situação que se apresentava na família, mas retrucou que seu sócio era o Jean e que iria lutar pelo negócio deles. Essa foi a primeira grande crise da Natura.

Jean-Pierre, agradecido, ficou na sociedade, mas as dificuldades foram tantas que ao longo dos primeiros cinco anos ele repetidas vezes propôs fechar a empresa. A cada proposta, Seabra mostrava-se mais animado e certo do que fazia, embora mesmo nos círculos mais íntimos dele, fosse grande a dúvida sobre o futuro da sua Natura. Seabra tinha confiança, mas, mesmo assim, levado pelo seu lado místico havia recorrido a uma consulta a Sana Khan logo no início da empresa. Sana era um vidente armênio, personagem misterioso, que naquela época era o guru de artistas, políticos e nomes influentes da sociedade. O vidente há muito estava de forma indireta na vida de Seabra. Ondina, esposa do vidente, levava seus aparelhos de barbear para manutenção na Remington e contava a Seabra sobre os poderes de Sana Khan. Seabra, por conta disso, cultivou uma boa relação com a senhora. "Fui procurá-lo um dia e ele teve uma grande visão: segurando em minha mão disse que via um trator que iria andar muito devagar no princípio, mas, que geraria uma força tamanha que nada o iria deter e que alimentaria grandes legiões, tanto do ponto de vista material, como também do espiritual", recorda-se Seabra, emocionado.

E em algumas décadas, o pequeno laboratório transformou-se na maior empresa nacional de cosméticos e sem dúvida a mais admirada e respeitada. Nos anos 80, considerada por todos a década perdida, a Natura cresceu nada mais, nada menos que 35 vezes. Superou tudo. Recessões, moratórias, reformas monetárias, confiscos etc. O que importou mesmo é que, por detrás de grandes números e prêmios, estava uma sólida visão empresarial.

Seabra, que nunca cursou MBA's ou escolas de grife no exterior, é constantemente convidado por essas escolas a dar aulas sobre sua visão empresarial e método de gestão. Muita coisa, por incrível que pareça, ele adquiriu ao abrir uma pequena loja, de uma só porta, na badalada Rua Oscar Freire, no bairro dos Jardins, em São Paulo. Mas cabe lembrar que quando ele abriu essa loja a rua era praticamente residencial e nada badalada. No estabelecimento ele tinha a grande oportunidade de ouvir e de vender. E aí surge mais uma nova e importante descoberta. Os produtos Natura não poderiam abrir mão de uma venda personalizada, consultiva. A exposição aos clientes deram a Seabra a notoriedade necessária para ser convidado a ambientes nunca pensados. Até no renomado Hospital das Clínicas ele foi falar a médicos e a dermatologistas. Nunca com o objetivo de enganar ou mesmo falar sobre aquilo que não, necessariamente, dominava. Falava da sua Natura. E disso, ninguém entendia mais que ele. Desde 74 a Natura optou pela venda direta. As chamadas consultoras se relacionam com empresas distribuidoras que operam numa determinada região de influência. A primeira distribuidora, a Pró Estética, foi criada por Seabra e uma sócia: Yara. Essa era uma forma efetiva, e além de tudo rentável, de manter um padrão. "As consultoras se identificavam comigo, com minha história. Guardadas as devidas proporções, todas eram como eu pequenas empreendedoras que lutavam por construir um negócio em que acreditavam. São elas as grandes responsáveis pela perfeição de nossa distribuição", acrescenta Seabra.

Esse esquema de distribuição foi tão bem em São Paulo que Jean-Pierre foi estimulado a abrir o mesmo esquema em outras praças. Para fazer isso acontecer, Jean monta uma operação em conjunto com Guilherme Leal, que na época era seu cunhado. E aqui começam a surgir na história da empresa os nomes e ideias de Leal e Passos.

A Natura, até então, só fabricava e vendia cosméticos de tratamento para o rosto, cabelo e corpo. Seabra entendia existir mercado para itens como maquiagem e perfumes, mas não queria misturar as coisas. Não naquele momento. Mas aquela era a hora e eles criam a L'arc-en-ciel como bandeira para a nova linha. O negócio começa a decolar e Leal convida Passos a assumir a direção geral do negócio.

A história profissional de Leal e Passos havia começado antes. Quando Leal estava à frente da Fepasa, conhecia Passos das partidas de futebol, das peladas, como diz Passos. Leal então convida Passos a trabalhar na Fepasa numa área que ele julgava ser delicada e portanto precisava de alguém de muita confiança. Os dois fazem um grande trabalho, mas, numa troca de governos em que saía Paulo Egydio e entrava Paulo Maluf, foram dispensados. Até ensaiaram fazer algo juntos, mas Leal acaba indo para a Natura e Passos para a Globalpack – empresa de embalagens que também atuava no setor de cosméticos.

Quando chega 81, Leal vendo o crescimento do negócio e dividido entre muitas tarefas convida Passos a trabalhar com eles. A decisão era difícil. Aos 32 anos, trocar uma multinacional estabelecida, onde tinha uma ótima posição executiva, por uma empresa nacional de pequeno porte e ainda instável era no mínimo um grande risco. Mas aí falou mais alto o gene empreendedor. Passos avaliou a possibilidade entendendo ser um local onde ele não seria mais um, poderia contribuir mais, teria menos fronteiras e acima de tudo trabalharia com gente em quem confiava e de quem gostava. A única exigência foi um contrato de "fio de bigode", em que aceitavam que num futuro próximo ele também seria sócio.

A empresa segue, crescendo, aumentando sua participação de mercado e sua cobertura geográfica. Até que no final de 80 surge um impasse societário e se faz necessária uma recomposição. Seabra, Leal, Passos, Yara, Ronoel e Anísio compram a participação de Jean e montam a *holding* Stellium – que significa uma grande concentração de planetas em um só signo. Mais uma vez o lado esotérico de Seabra prevalece conceituando o movimento. Segundo Passos, aí sim nascia a Natura de hoje. Uma só marca, uma só filosofia. Um importante passo na vida da empresa.

No início da década de 90, com a economia do Brasil muito conturbada, dão início a uma nova fase de planejamento estratégico. Um grande ato de repensar a Natura. "Nada de resolver missão, visão e valores num *workshop* de final de semana com metodologias de prateleira. Esse exercício levou quase um ano. Realmente um processo inspirador e muito rico," recorda-se Passos.

Quando chega 92, eles entendem que era o momento de ir mais além. E para isso era necessário estudar mais, ir mais fundo e profissionalizar ainda mais. Mergulham nos estudos em instituições como Insead e Fundação Dom Cabral. Buscam analisar os *gap's* e corrigi-los. Investem pesado numa política de talentos. Seabra e Leal focam mais o Conselho e novas ideias e Passos, a operação. Em 93, Yara resolve vender a participação. Em 94, frente a todo o cenário que se estava construindo e, com uma empresa preparada, focam produtividade e excelência. Resolvem investir ainda mais na empresa e no País. E o reconhecimento vem. Além de grandes resultados e um forte crescimento, são eleitos em 98 como empresa do ano pela *Exame – maiores e melhores*. Certos de que não podiam parar, seguem com movimentos estratégicos. Criam, por exemplo, o primeiro Conselho de Administração, mesmo sem capital aberto, trazendo de fora dois conselheiros profissionais: José Guimarães Monforte e Edson Vaz Musa. De 1999 a 2003, vivenciam os altos e baixos comuns a uma empresa dinâmica. Mas o ano de 2000 se destaca. Foi quando decidiram por mais um importante e definitivo passo. Quando mal se falava em biodiversidade, concluem que essa deveria ser a bandeira da empresa e mergulham fundo no assunto. "Só foi possível aderir à biodiversidade porque era uma empresa dirigida por empreendedores acostumados a correr riscos. Talvez um executivo não o fizesse. Nada provava ou comprovava esse caminho. Não existiam números ou pesquisas", pondera Passos.

Em 2004, visando a dar um salto maior, sentir-se mais obrigado a ter excelência, governança, melhor resultados e é claro visando também a uma certa liquidez aos sócios, eles abrem o capital.

Em 2005, Passos também vai só para o Conselho e em seu lugar assume Alessandro Carlucci, executivo de carreira na empresa que já havia sido responsável pelo desenvolvimento da operação na América Latina.

Depois de tantos anos nas mãos dos fundadores, era hora de repensar e reestruturar. Carlucci em 2008 inicia um processo de reestruturação terminado com sucesso em 2009. "Hoje temos um excelente comitê executivo", apregoa Passos.

Seabra, Leal e Passos estão hoje à frente da *holding* Janus que, além da Natura, possui outros investimentos. Mas de mente e espírito continuam firmes na Natura.

Como diz Seabra, é vivendo sua paixões que você encontra o grande sentido da vida. Natura é a paixão deles. Uma paixão empreendedora.

mistura dos espíritos empreendedor e executivo

um modelo de empresa familiar: a rebeldia que deu certo

Nelson Sirotsky

presidente do Conselho da RBS

"Meu pai em nada facilitou minha vida quando resolvi ingressar na empresa. E isso foi muito bom..."

O presidente do Grupo RBS e do Conselho de Administração da organização, Nelson Sirotsky, pode considerar-se um homem realizado.

Sirotsky ao herdar a RBS, iniciada por seu pai Mauricio Sirotsky Sobrinho em agosto de 1957 na cidade de Porto Alegre, não recebeu só bônus. Teve também que se virar com os muitos ônus de uma empresa familiar e atuante num segmento competitivo como o de comunicação.

O pai de Nelson era filho de judeus russos que vieram para o Brasil em 1913. Podemos dizer que seu pai era um rebelde. Toda tradição da família apontava para o comércio, mas Mauricio Sirotsky queria outra coisa: atuar em comunicação.

Hoje se vê que a rebeldia deu certo. O Grupo RBS (Rede Brasil Sul) é um dos maiores grupos de mídia do País, atuando mais especificamente no Rio Grande do Sul, em Santa Catarina e em algumas regiões do Paraná. Nestes Estados a RBS conta com oito jornais, quatro portais de internet, três emissoras locais de televisão, uma operação para o mercado rural, uma gravadora, 25 emissoras de rádio e uma empresa de *marketing*. Além disso, possui 18 emissoras de televisão afiliadas à Rede Globo, além de quatro novas em implantação, tornando-se a maior rede regional da América Latina.

A rádio Rede Gaúcha Sat possui 110 emissoras afiliadas em nove Estados brasileiros. E o grupo não para por aí. Os projetos de crescimento têm sido constantemente anunciados.

A influência da família no caso de Sirotsky é muito forte. Essa rebeldia do pai lhe foi transmitida geneticamente, no sentido positivo, é claro.

Quando tinha 13 para 14 anos, e seus pais mantinham um armazém na cidade de Passo Fundo, RS, dando asas aos seus ideais de atuar em comunicação, Mauricio montou um sistema de alto-falantes. Percorria as ruas da cidade fazendo propaganda da família. Mais tarde, vendo a oportunidade de crescer, começou a vender anúncios a outros lojistas. E o serviço tinha até marca: chamava-se Guarani. A bela e forte voz de Maurício Sirotsky o acabou levando a ser contratado por uma emissora de rádio em Passo Fundo.

Em 1952, já casado, tomou coragem e foi morar em Porto Alegre onde passou a ser o apresentador do programa Mauricio Sobrinho na Rádio Farroupilha, emissora de maior sucesso à época na capital gaúcha. Com audiência crescente e cativa, Mauricio foi convidado pelo seu antigo chefe a ser sócio da Rádio Gaúcha que deixara cinco anos antes em Passo Fundo. Esse simples movimento, ocorrido em 31 de agosto de 57, marca para efeitos históricos o nascimento do império que é hoje a RBS.

A Rádio Gaúcha não era diferente de muitas das empresas à sua época. Precisava de foco e organização. Frente a isso e comprometido com a área artística e de conteúdo, Mauricio resolveu chamar seu irmão Jayme, que era um bom vendedor por natureza e já possuía alguma experiência em agência de propaganda. Fruto da acertada escolha, a dupla decolou rápido. Tanto que logo do surgimento da TV no Brasil, Mauricio arrebanhou um grupo de investidores e fundou o canal 12, TV Gaúcha, nos idos de 63. Mais tarde essa emissora veio a ser comprada pela Excelsior e Mauricio não só ficou na sociedade como também passou a dirigir a programação a partir de São Paulo. No entanto, a Excelsior era uma empresa muito confusa e desorganizada para seus parâmetros.

Em 67, cansado da "desorganização alheia", retornou a Porto Alegre, onde comprou com o irmão Jayme e o advogado amigo Fernando Ernesto Corrêa a posse da TV Gaúcha. Isso marca sua volta a empreendedor depois de dez anos como comunicador de sucesso. Uma espécie de reencontro com seu "eu" interior: que ama empreender.

Nelson Sirotsky cresceu nesse ritmo. Assistiu a um pai que trabalhava dia e noite, sete dias por semana, sempre ligado aos fatos e acontecimentos. "Acredito que o processo de transferência dos pais para os filhos é muito forte, e eu recebi um modelo que preservei por toda a vida e aplico hoje na minha família" reforça.

Mas o lado empreendedor de Sirotsky, assim como a rebeldia genética, fez com que ele, em vez de trabalhar na empresa do pai, buscasse seu próprio negócio: uma empresa de fotografia. Um serviço inovador e arrojado para a época. Sirotsky fotografava aniversários infantis, revelava e entregava as fotos antes mesmo de o evento terminar.

Esse empreendimento permitiu que ele, mesmo cursando colégio, abrisse mão da mesada de seu pai desde os 15 anos de idade.

Como Sirotsky era o responsável pela empresa de fotografia, decidiu por fechá-la no momento em que se viu atribulado com os estudos na fase pré-vestibular. O esforço lhe garantiu ingressar na Universidade Federal do Rio Grande do Sul para cursar administração de empresas. A UFRGS atualmente está na lista das melhores instituições educacionais de ensino superior do mundo, elaborada pela Shanghai Jiao Tong University, em que foram analisadas 12 mil instituições em todo o mundo.

Aos 17 anos, quando ingressou na faculdade, chegou a hora de dizer ao seu pai que queria trabalhar. Mauricio era contra; então não facilitou em nada a vida do filho, cuja ideia inicial era estudar pela manhã e trabalhar à tarde. Para ultrapassar essa primeira barreira, teve de abrir mão dessa ideia e fazer a faculdade à noite.

Sirotsky começou por uma área que é vista por outros empreendedores como Josué Silva da Coteminas como estratégica e nervosa: a contabilidade. Não bastasse isso, seu chefe direto era um uruguaio extremamente rigoroso e que de pronto o avisou: filho ou não, se cometer um erro está na rua. E esse mantra ecoou nos ouvidos de Nelson Sirotsky por muito tempo, alertando-o a fazer tudo da melhor forma possível. Depois dessa área foi transferido para Organização e Métodos e produziu o primeiro organograma profissional que a empresa teve em sua história.

Aos 19 anos teve a oportunidade de ir a um evento de mídia em New Orleans – USA e teve contato com algo novo para o Brasil e que o encantou: a segmentação do rádio.

Voltou a Porto Alegre com a firme ideia de fazer uma emissora de rádio destinada ao público jovem. A Rádio Porto Alegre entrou no ar em janeiro de 73 e durou pouco. Uma das primeiras grandes lições de empreendedorismo estava por vir. Em março do mesmo ano tanto a rádio quanto a emissora de TV da família viraram cinzas num descontrolado incêndio. Empreender é arriscar e, infelizmente, as fatalidades acontecem. A família Sirotsky estava na estaca zero.

Nelson Sirotsky foi trabalhar na Rádio Gaúcha onde seu pai ainda permanecia acionista. E foi nesse momento que ele avalia ter dado sua primeira contribuição, como empreendedor, aos negócios da família. "Convenci a direção da Rádio a voltar com as coberturas esportivas e a transmitir, ao vivo, a Copa do Mundo de 1974. Briguei muito. Montei equipe, corri atrás de patrocinadores. Como o assunto era futebol me sentia jogando na várzea e em várias posições ao mesmo tempo" lembra Sirotsky.

Mas a luta não foi fácil. Chegou, mais de uma vez a pedir demissão nas brigas pelo que queria, mas conseguiu. O sucesso do empreendimento lhe garantiu maior respeito – como executivo – com o pai e os demais. Percebem a combinação de fatores? Nelson Sirotsky julga que esta iniciativa foi o seu marco empreendedor na família. Como resultado ele aferiu maior *status* enquanto executivo. Daí, uma das razões deste livro: ora empreendedor, ora executivo, num mesmo momento e com um mesmo objetivo.

A essa altura, ele estava em torno dos seus 21 anos e era gerente da rádio. No ano seguinte terminou a faculdade e se casou. O plano era fazer um MBA nos EUA, mas o sucesso o impediu. Ele era mais uma vez necessário aqui, trabalhando para consolidação dos negócios da família.

Em 1977 o grupo conseguiu concessão para uma emissora em Santa Catarina e o escolhido para a tarefa de iniciar a empresa, com 25 anos e na posição de diretor-geral, foi Nelson Sirotsky.

Mauricio veio a falecer nove anos depois e Nelson viu-se ainda mais ainda obrigado a lutar por um caminho que julgava ser o melhor para empresa, em todos os sentidos: a profissionalização.

"As regras no Grupo RBS sempre foram muito claras. Isso ajuda muito. Sempre foram perseguidos os mesmos valores: responsabilidade empresarial, satisfação dos clientes, compromisso com o social e o comunitário, desenvolvimento pessoal e profissional e liberdade e igualdade", explica Sirotsky.

Ele assumiu a posição de presidente em 91 e buscou da melhor forma possível levar adiante o conceito de profissionalização sem perder a "raiz familiar" que fez com o grupo chegasse aonde chegou. Foi aos EUA e conheceu o prof. John Davis, um especialista em empresas familiares da Universidade de Harvard. Com o auxílio dele montou a estratégia de profissionalização do grupo. A governança na RBS é claramente estruturada em comitês específicos:

- o de família que cuida dos códigos e valores;
- o de acionistas que trata dos interesses estratégicos do grupo;
- e o de gestão que cuida exclusivamente dos interesses das empresas e seus projetos.

"Hoje acredito que para o mercado, principalmente o de mídia, somos uma referência. Muitas empresas nos seguiram ou mesmo se aconselharam conosco para seus processos de atualização, profissionalização e governança", comenta Sirotsky com um certo orgulho de missão cumprida.

"Mesmo a contratação e a recente promoção de um membro da família foi feita com princípios de mercado. O fato, por exemplo, de Eduardo Melzer estar no grupo ocupando uma vice-presidência é puro mérito. Ele estava fora, morando nos EUA. Nós o chamamos e propusemos a ele tudo de forma aberta. Sua performance foi avaliada como a de outro executivo qualquer", afirma Sirotsky.

Ter assumido as posições de presidente do Conselho e presidente-executivo mostra o perfil múltiplo de Nelson Sirotsky: empreendedor e executivo. Joga nas duas posições com a experiência de um craque forjado durante toda sua vida pessoal e profissional.

Durante a entrevista – que ocorreu na sala de Sirotsky na sede da RBS em Porto Alegre – não fomos interrompidos por nada. A não ser por um muito bem-vindo cafezinho. Isso mostra o profissionalismo com que ele trata tudo.

sempre na busca
do melhor
resultado
e também da
paz interior

MEMÓRIA BRASILEIRA

Como coloquei na introdução deste livro, o Brasil tem a sorte de ser um país repleto de heróis, tanto no empreendedorismo como no mundo executivo. Existem aqueles que fazem e falam, os que fazem e não falam e até aqueles que não fazem, mas falam. Mas, sem sombra de dúvida, temos um enorme manancial de gente boa, séria, trabalhadora, criativa, que ajuda a construir um país melhor.

Como dizem, o brasileiro tem memória curta. Tanto os feitos de um grande empreendedor como os atos de corrupção de um político caem rapidamente no esquecimento deste que é mesmo o país do futebol e do carnaval. Sendo assim, muita gente que produz, e deixa legados incríveis, deixa de ser lembrada — mesmo aqueles que conseguem ser, dignamente, homenageados em algum momento pelos seus feitos ao longo da carreira ou da vida.

Quando estava elaborando o projeto editorial deste livro e, discutindo vários temas com o Conselho Editorial, veio à tona este importante ponto: a memória empresarial brasileira. Mas como abordar um tema assim tão amplo? Como cobrir, sem incorrer em injustiças, tantos nomes que, de pronto, vieram à mente das pessoas à minha volta? Sendo assim, para atender a essa demanda, ou seja, trazer um pouco dessa importante reflexão à tona e, ao mesmo tempo, não ser tão injusto ou mesmo parcial com as indicações, decidi por eleger dois exemplos que me foram muito próximos. Egoísta, concordo. Mas tenho certeza de serem emblemáticos. Um empreendedor e um executivo que tiveram em comum o fato de serem grandes durante suas vidas e também de terem assumido os papéis de empreendedor e de executivo simultaneamente, com grande galhardia. Além, é claro do fato de, infelizmente, não estarem mais aqui para continuarem nos ensinando e agregando valor.

Espero, sinceramente, que concordem que foram boas escolhas!

Uma sugestão: façam esse exercício. Puxem pela memória. Vocês vão encontrar com certeza grandes heróis e, muitos deles, bem à sua volta.

O ESTADO DE S. PAULO
jornal da tarde

o silêncio empreendedor

Luiz Vieira de Carvalho Mesquita

Em 03 de março de 1997, Luiz Vieira de Carvalho Mesquita, carinhosamente chamado por muitos apenas de "Zizo", faleceu em São Paulo. Era então, Presidente dos Conselhos Consultivo e de Administração do Grupo Estado (O Estado de S. Paulo).

Zizo começou a trabalhar no Estado em 1947, aos 25 anos, logo após graduar-se na Escola Politécnica da Universidade de São Paulo (USP). Uma época de grandes transformações – no mundo, no país e no jornal. Com o fim do Estado Novo do ditador Getúlio Vargas e com o retorno do Brasil ao regime democrático, Francisco Mesquita, pai de Luiz, e seu tio, Julio de Mesquita Filho – ambos diretores do Estado de S. Paulo, mesmo nessa fase crítica da história recente – sentiram o ambiente seguro para executar um abrangente plano de modernização na empresa da família. Entre as metas estavam a construção da nova sede, e a compra de rotativas no exterior. Sendo ele engenheiro, à princípio, não via como utilizar sua formação numa empresa jornalística e logo se envolveu com esses projetos de transformações.

Foi então designado assistente de diretoria. Fluente em idiomas, viajou logo em seguida para os Estados Unidos e o Canadá. Durante oito meses acompanhou de perto as providências para a instalação das máquinas recém-adquiridas pelo grupo sob o comando direto de seu pai. Visitou também empresas jornalísticas que utilizavam equipamentos semelhantes e analisou as tendências que sinalizavam para o futuro dos jornais – sempre focando na área industrial. No retorno, supervisionou diretamente a obra e a construção das rotativas na Rua Major Quedinho, no centro de São Paulo. Era o início de uma longa e bem-sucedida carreira de quase 50 anos mesclando a cabeça empreendedora com a necessidade de ser um executivo de primeira linha. Entre suas realizações, com foco mais estratégico, estão: o edifício-sede na Marginal Tietê em São Paulo e a construção da PISA em Jaguariaíva, no Paraná. A nova sede, foi projetada para abraçar um grande grupo de comunicação e não mais só um jornal e uma rádio, compreendendo então todas as suas áreas-chave. Ainda nos anos 70, quando projetou a atual sede do jornal, ele também trabalhou com perspectivas de longo prazo. Em 1996, quando um conjunto de novas e modernas máquinas chegou ao edifício, os engenheiros e diretores da área industrial surpreenderam-se com o fato de não serem necessárias obras de reforço ou de adaptação para recebê-las. A obra de Luiz Mesquita continuava atual.

Zizo também sabia que um dos grandes inimigos de uma empresa jornalística era a dependência da matéria-prima papel-jornal e por isso defendeu a construção de uma das mais modernas e eficientes fábricas de papel-imprensa da America Latina, a PISA – Papel Imprensa S.A., vendida mais tarde a um grupo neozelandês. Durante quase meio século, ele cuidou de manter permanente a atualização, a ampliação e o aperfeiçoamento industrial da empresa. Ao mesmo tempo, ele sempre deu ênfase ao pensamento estratégico. Posicionava-se naturalmente na empresa como a "cabeça fria" e conciliadora em meio aos humores alterados e as paixões naturais do meio jornalístico. Sempre olhou para frente, mesmo sendo bastante cético e prático. Desde que passou a ocupar cargos na diretoria do Grupo Estado, de 1959 até 1997, defendeu a ideia de que não haveria lugar no futuro para os grandes jornais e revistas que insistissem em permanecer ilhados, como unidades isoladas. Sempre criticou a imobilidade das empresas à frente aos avanços tecnológicos. E o mais curioso: não era usuário de tecnologia. Os computadores instalados em suas salas, tanto no Estadão quanto na PISA, quase não tinham uso. Mesmo assim, numa entrevista, datada de 1985, disse: "Cada vez mais se fortalecem em todo o mundo – e isso ocorre também no Brasil - os que se organizam como empresas de comunicação, dedicadas a atuar em diversos campos afins e não segregadas a um só fim. O progresso tecnológico nos levará a uma reanálise dos negócios". Hoje, passados mais de 25 anos essa colocação está mais verdadeira que nunca.

Em 1971, durante uma conferência na recém-inaugurada Faculdade de Comunicações da Universidade Católica de Minas Gerais, antecipou aos estudantes uma realidade que só viria mesmo à tona na virada do século: jornalistas produzindo eletronicamente páginas inteiras e enviando-as para impressão sem a necessidade de etapas intermediárias. Pura mentalidade visionária, característica de um grande empreendedor.

Em 1990, após insistentes convites de professores da USP, ele aceitou participar do projeto História Empresarial Vivida, na Faculdade de Economia e Administração.

Foi um longo depoimento, no qual falou pouco de sua atividade pessoal; mas deixou claro o orgulho que tinha da história de lutas pela liberdade e pelo aperfeiçoamento das instituições brasileiras de *O Estado de S. Paulo* e a compreensão do papel da redação. A certa altura disse aos estudantes e professores: "O que faz um grande jornal não é a sua circulação, ao contrário do que muita gente pensa, mas é sobretudo a sua redação e, dentro dela, seus editoriais".

Para quem conheceu, Zizo, sabe que ele era o silêncio em pessoa. Pouco falava, mas quando o fazia tinha sempre muito conteúdo em suas palavras. Lia muito e sempre esteve atualizado. Fã de esportes em geral, São Paulino, fã do turfe e criador de cavalos puro-sangue-inglês, dividia seu tempo entre a família, a empresa e o social.

Zizo e Maria Alice, sua esposa, tiveram quatro filhos: Roberto, Maria Luiza, Fernando e Ana Maria. Ela, também já falecida, sempre teve grande dedicação ao social por meio de trabalhos voluntários em creches e escolas. Zizo, dedicou-se mais a cultura. Foi por muitos anos Presidente do Conselho da Sociedade de Cultura Artística e do Museu de Arte Sacra.

Numa ocasião, Zizo me telefonou e disse: "temos de fazer algo pelo Cultura Artística ou não teremos temporada no próximo ano. Nossa sociedade corre perigo de continuidade". Na época eu estava dirigindo a Wunderman Brasil, empresa global do Grupo Young & Rubican, especializada em *marketing* direto. A executiva à frente do projeto, Regina Bueno, veio preocupada à minha sala e disse: "não sei o que vamos fazer, a SCA está sem dinheiro e a única forma de ter resultado a curto prazo seria se eles investissem num programa de capitação forte e bem profissional". Minha resposta a ela foi imediata e simples: vamos consultar o Zizo! Marcamos para o dia seguinte um encontro com ele, que convidou Gérald Perret – Diretor Executivo da SCA – a participar. Zizo sempre valorizou a hierarquia, respeitou pares e colaboradores. A reunião, como sempre objetiva, não durou mais que 30 minutos. Ele era um bom estrategista. Entendeu claramente nossa sugestão e a necessidade de agir rápido. Entendeu o custo como investimento e consecutivamente retorno. Encerrou o encontro conosco dizendo: vamos em frente!

Naquele ano, não só a SCA fez uma temporada brilhante como o apoio da Vodka Smirnoff, como se criou um processo de profissional de captação que gerava mais de 800 mil dólares/ano e que trouxe para o convívio da SCA grandes empresas apoiadoras tais como Votorantin, Telefonica, Volkswagen, BOVESPA entre outras. Processo, que deu resultados por anos consecutivos.

As empresas de mídia no Brasil são, na sua grande maioria, empresas familiares fundadas por empreendedores que não tinham medo de assumir riscos e sabiam da grande importância dos meios de comunicação à democracia e ao país. Em todas elas, os papéis de empreendedor e de executivo se confundem muito. Pessoas que, como o Zizo, passam a vida se dividindo entre esses papéis e buscando pelo melhor resultado. E ele, com certeza, sempre soube sempre fazer isso muito bem.

Um exemplo, eternamente, a ser seguido.

DANONE

o empreendedor que coalhou o leite, virou executivo, e deu certo!

Roberto Marques de Carvalho Dias

Hoje, quando vamos, por exemplo, a um supermercado e compramos com tranquilidade nossos potes de Danone ou Activia, não paramos para pensar como é que tudo começou. Como será que aquele Danoninho – que vale por um bifinho – chegou até aqui? Será que as pessoas lembram que hoje isso é possível graças à visão empreendedora de um mineiro, formado em Agronomia, que na década de 60 inconformado com a mesmice dos produtos da família foi à Europa buscar a Danone? Acho que não! Afinal, como já foi dito, nossa memória é curta.

Então vamos lá. Era uma vez uma empresa chamada Laticínios Caldas Ltda, que, como o próprio nome já diz, era uma espécie de cooperativa de leite situada na cidade de Poços de Caldas, no sul de Minas Gerais. O controle da empresa pertencia à família Carvalho Dias. Fortes fazendeiros de café, que tinham na Laticínios um negócio praticamente marginal. Até meados dos anos 60, a empresa produzia cerca de 60 mil litros de leite por dia, dos quais 40 mil eram vendidos diretamente à Nestlé. O restante era transformado em manteiga, queijo e requeijão com marca própria, mas sem nenhuma ambição de conquistar mercado. Era uma operação média, que quase não trazia retorno financeiro aos acionistas. A empresa, pouco profissionalizada, tinha em seus quadros vários membros da família. Porém um deles se inquietava mais com a forma de ver o mercado de leite e também com o pouco resultado trazido pela operação.

Esse era Roberto Marques de Carvalho Dias. Sua esposa, Lucilla Ferreira de Carvalho Dias, antes de casar, havia morado nos EUA e estimulava muito o marido a fazer algo diferente, como trazer algum produto de fora para o consumidor brasileiro. A primeira investida de Dias nesse sentido foi colocar a produção de leite – antes destinada à Nestlé – para venda direta ao consumidor. Para isso, trouxe da Europa uma tecnologia da Thimonnier para o envase do leite em sacos plásticos, em vez das tradicionais garrafinhas. Na época, fez isso em acordo com o empresário Jacques Sieckiresky, dono da Itap, que comprou a máquina para fazer o filme plástico. Com esse movimento, aumentou a produção de leite, as receitas e a margem. A iniciativa foi boa e, claro, seguida rapidamente por concorrentes. Porém, a situação financeira da empresa continuava na mesma. Não permitia um salto maior. Dias decide então ir mais longe. Mesmo sem recursos para investir, começa a estudar possibilidades na França e na Inglaterra. Pensava na época no mercado infantil. Entendia que o Brasil sempre foi um país jovem onde as mães não mediam esforços quando em busca de uma boa alimentação para seus filhos. Nessa época, seu sogro – Pércio Marques Ferreira da Silva – havia acabado de vender o banco da família para o Comind e, por conta disso, ele e um dos seus irmãos, Horácio, estavam com capital disponível e à procura de novos investimentos. Dias, confiante de que teria o apoio de sua família, controladora da Laticínios Caldas, e também da família de sua esposa, decide em meados de 69 ir à Europa visitar empresas, tentar alianças e acordos de tecnologia. Naquela época, havia três empresas potenciais na França que operavam fortemente com o leite e seus derivados: Danone, Chambourcy e Yoplait. A Chambourcy pertencia à Nestlé, ou seja, fora de cogitação. A Yoplait era uma cooperativa e não tinha condição nem tampouco interesse de associar-se a uma empresa brasileira. A solução era mesmo a Danone, por ser líder do setor e uma empresa independente.

Em Paris, Dias busca encontrar uma forma de contatar a Danone. Mas como falar com eles? Por onde começar? Lucilla, sua esposa, contou durante a entrevista que numa tarde, bem no final do dia, telefonou do hotel para a Danone a pedido do marido. Depois de insistentes tentativas e toques, uma pessoa atende ao telefone. Lucilla, que dominava bem o idioma francês, começa a explicar a situação ao interlocutor e, ao perguntar com quem estava falando, descobre ser Daniel Carasso, apenas e tão somente o dono do negócio. Típica situação de mais sorte que juízo, característica do empreendedor brasileiro.

Para ficar mais claro, a Danone foi fundada em 1919 por Isaac Carasso em Barcelona (Espanha). Era uma pequena fábrica de produção de iogurte. O nome "Danone" vem do catalão, sendo o diminutivo do nome do seu primeiro filho, Daniel Carasso, que nasceu em Salonica, o Império Otomano, onde sua família viveu por 400 anos após a expulsão dos judeus da Espanha. Após a guerra dos Balcãs, a família mudou para Barcelona, em 1916. Em 1923, Daniel matriculou-se na escola de negócios em Marselha, França. E, para ser mais bem informado sobre a indústria de iogurtes e derivados, ele estudou bacteriologia no Instituto Pasteur.

Carasso assumiu o negócio de seu pai na Catalunha e abriu uma sucursal na França em 1929. Forçado a fugir dos nazistas, em 1941, estabeleceu-se nos Estados Unidos. Em 1942, ele formou uma parceria com dois amigos da família, Joe Metzger, um empresário suíço nascido na Espanha, e seu filho Juan. Eles compraram uma empresa pequena de iogurte grega, Oxy-Gala, e fundaram a Dannon Milk Products no bairro do Bronx, Nova York. Em 1951, Carasso retorna a Paris para gerir as empresas da família na França e na Espanha e vende a Dannon para Beatrice Foods.

Lucilla disse-me ter ficado assustada na hora, mas entende que o mais assustado era mesmo Carasso com a coragem do brasileiros. Combinam então um encontro. Um café no Bristol. Lá, o jovem casal (ela com

23 anos e grávida de quatro meses e o marido com 26 anos) explica com mais calma a Carasso a ideia, qual era a estrutura da Laticínios Caldas e a possibilidade de investidores paulistas – como seu próprio pai e seu tio – aderirem a um novo negócio. A fórmula parecia coerente. No encontro, aproveitam para convidar Carasso a vir ao Brasil para visitar a Laticínios Caldas e conhecer os potenciais investidores. Mais uma vez por sorte Carasso tinha acabado de programar uma viagem à Argentina e propõe-se então a fazer uma "pequena parada" no Brasil. Dias, de volta ao país, expõe a situação aos controladores da Danone e aos possíveis investidores. Naquele tempo, coalhada não tinha, para a cultura mineira, o menor charme nem despertava a atenção industrial. Mesmo assim, Dias banca o jogo. Quando Carasso vem ao Brasil com sua esposa, Dias e Lucilla preparam um jantar para recebê-los na casa de Pércio, pai de Lucilla, com empresários e formadores de opinião da capital paulista. Além é lógico dos Carvalho Dias. Entre eles, estava Moacir Carvalho Dias que então presidia a Laticínios Caldas. Dessa investida, nasce um grande acordo. Rapidamente transformam a Caldas de empresa limitada em uma S.A. Quase um ano depois, em 6 de julho de 1970, criam oficialmente a Danone no Brasil. Durante esse período de negociações e ajustes, técnicos da Laticínios Caldas e da Danone, vindos da França – tais como Jean Gautier –, trabalharam pesadamente na construção da primeira fábrica, sob responsabilidade da Construtora Dumez, na Rodovia Anhanguera, próximo a São Paulo. Gestão do capital, máquinas, laboratórios, treinamento exaustivo, custos e distribuição eram as preocupações de Dias que nesse momento já era diretor-superintendente da empresa. Um mês depois da oficialização do negócio, em 15 de setembro, vão ao mercado os primeiros produtos da linha. Nem três meses depois do lançamento a fábrica já estava usando sua capacidade máxima, dado o sucesso dos produtos. As campanhas e o suporte mais forte de comunicação só foram feitos quase um ano depois. A comunicação, de início, era desenvolvida

pela agência Almap, de Zé Alcântara e Alex Periscinoto. Em uma entrevista dada à revista *Marketing*, Periscinoto recorda que Dias ouvia as sugestões, mas só fazia uma devolutiva à agência no dia seguinte. Depois de algum tempo, Periscinoto descobre que Dias levava as criações para casa e as discutia com a esposa. No dia seguinte, sempre de forma muito elegante, pedia que a agência avaliasse alguns caminhos por ela desenvolvidos, mas sempre sem identificar o autor. A Almap, que nessa época tinha à frente nomes como Klaus Isnenghi e Julinho Xavier, além do próprio Periscinoto, sofria muito com aquilo. Mas Periscinoto pondera que filmes como o garotinho Danone, aquele que falava "geladerra...", foram boas soluções integradas. Criadas pelo cliente, convertidas pela agência e abençoadas por talento e muita vontade de dar certo. Ainda segundo Periscinoto, Danone foi uma dessas coisas que só quando aparecem todos percebem como fazia falta.

Dias sempre pregava em suas colocações ao mercado que eles haviam conseguido transformar uma "leiteira" numa moderna e poderosa empresa alimentícia. A Laticínios Caldas deixou de ser uma empresa média, de baixos resultados, para transformar-se num excelente negócio para toda a cadeia. Acionistas, empregados, fornecedores e governo foram, e continuam sendo, os grandes beneficiados da visão empreendedora de Dias. Quando Carasso, 34 anos depois, decide recomprar a operação americana, convida Dias para assumir a presidência da empresa em Nova York. Ele já era responsável por América Latina e México. Dias muda-se para Nova York com a esposa e os dois filhos. No seu lugar no Brasil assume Norberto Fatio que já era um de seus braços direitos e conhecia muito bem o mercado. De 83 a 85, Dias pilota a operação da Dannon-USA. Um novo desafio, uma nova aventura. Mineiro, acostumado a negociar em sua terra, vê-se à frente de uma nova e difícil audiência. Quando lá chega, depara-se com uma enorme greve de um dos maiores sindicatos de transporte dos EUA. Um brasileiro, liderando uma companhia internacional, recém-adquirida por um grupo francês. Tudo muito difícil. Quando volta ao Brasil, assume a presidência do Conselho e, em 94, afasta-se de vez da empresa, quando vende suas ações ao grupo controlador francês. Nessa hora, Dias volta às raízes e vai cuidar de fazendas em Minas e Goiás. Seus filhos, Ricardo e Roberto, espelham a boa dualidade do pai. Um tomou o rumo empreendedor e o outro o rumo do mundo corporativo. Ambos têm sucesso naquilo que fazem. Ambos têm o mesmo desejo de acertar e de crescer herdados da família.

Infelizmente, Dias falece prematuramente aos 68 anos, em 28 de outubro de 2009.

Recordo-me de um jantar na casa dele, na década de 80. Eu era diretor de Atendimento e Planejamento na agência Salles. Atendíamos a uma parte da conta publicitária da Danone e estávamos comemorando uma campanha nova. Eu não tinha mais que 22 anos. Dias virou-se para mim à mesa e disse: "Se você quer crescer na vida e ser um bom executivo tem de fazer três coisas: aprender inglês e se possível mais um idioma; aprender a jogar tênis ou golfe; e escolher uma bebida para os eventos sociais. Mas o mais importante: faça tudo muito bem feito. Se escolher, por exemplo, o vinho como sua bebida, entenda mesmo do assunto". Uma dica que é válida até hoje para aqueles que querem o mundo corporativo. E, por que não, para aqueles que querem o mundo empreendedor. Principalmente, no tocante ao faça sempre tudo bem feito.

Dias não deixou para o país só a Danone. Deixou muito mais. Foi sempre muito ativo. Um símbolo na indústria alimentícia de sua época. Várias vezes premiado e reconhecido por suas posições como empresário e suas realizações como executivo. Foi um exemplo de empreendedor e também de executivo. Mas pena que nossa memória seja tão curta, não é mesmo?

encontrar com
certeza grandes
heróis e,
muitos deles,
bem à sua volta

OUVINDO OS ORÁCULOS

Se o assunto é insegurança no caminho a seguir, quem é que não consulta Deus e o mundo para sentir-se mais seguro? Sem essa de que não acredito nisso ou naquilo. A gente sabe que, quando a coisa aperta, mesmo incrédulos, alçamos mão de fontes as mais diversas para reduzirmos nossa dúvida.

Frente a essa verdade verdadeira, colocada por muitas das pessoas com quem conversei sobre o tema central deste livro, fomos a eles: consultamos os oráculos!

Sem a pretensão de fazer um encarte esotérico, falei primeiro com o psicólogo Carlos Alberto Oliveira. Depois com a astróloga Andréia Modesto e por último, e não menos importante, com a numeróloga Dayse Novaes. Todos eles me foram indicados por empresas, que, por razão de sigilo, não poderão ser reveladas. O que importa é que esses profissionais, de uma forma ou de outra, estão auxiliando empresas e pessoas a encontrar os seus caminhos.

A ser mais equilibradas e felizes!

uma geração de heróis-sofridos heróis

Carlos Alberto Oliveira

psicólogo

Carlos Alberto Oliveira começa a entrevista lembrando o livro de Joaquim Ferreira dos Santos, *Feliz 1958! O ano que não devia terminar*, da Editora Record, em que, na definição de Zuenir Ventura, 58 foi um ano tão harmonioso que não deveria ter acabado. Em 58, o Brasil foi campeão do mundo de futebol pela primeira vez. João Gilberto lançou o 78 rotações com *Chega de saudade* e deu o arremate final na bossa-nova. JK botou nas ruas o DKW-Vemag, o primeiro carro com 50% de suas peças produzidas aqui. Enfim, tudo deu certo. E a lembrança do livro vem pelo fato de Oliveira ter nascido, em São Paulo, no despedir de 58: no dia 30 de dezembro. Mesmo assim, é um legítimo representante desse marcante ano. Aliás, este que escreve também o é. Oliveira é um excelente exemplo de executivo que vira empreendedor e vice-versa, mas que sabe o que quer. Um exemplo de quem não tem medo de se reinventar.

Pai bancário, mãe fonoaudióloga, fez seus estudos básicos em colégios como Prof. Enio Foz no Brooklin. Quando atinge o antigo nível colegial vai praticamente "inaugurar" o colégio técnico do Senai – O Suíço Brasileiro de Mecânica de Precisão. A escola foi construída com o apoio de empresas suíças e brasileiras e supervisão dos técnicos da Swisscontact, que também participaram da preparação dos docentes e da elaboração dos programas, iniciando atividades em 1973. A Swisscontact continuou prestando assistência e vários docentes foram enviados para a Suíça para estagiar.

Oliveira termina o curso, decide trabalhar e fazer uma faculdade complementar aos ensinamentos do Senai. Ingressa em Administração na FGV, mas não termina. Em 78 decide fazer economia na Faap. Trabalha em empresas de engenharia de precisão tais como Micronal e Sul Mecânica. No início de 80, frente ao período conturbado na economia da era Delfim, migra para área financeira como operador de *overnigth* no Banorte. Mas não se encontra nesse setor. Decide então sair e vai para uma agência de propaganda. Lá, lendo muito e estudando sobre tudo o que podia, descobre a Análise Transacional aplicada à propaganda pelas mãos do autor Roberto Mena Barreto. "Ficava encantado com as explicações de como pequenas frases, fotos ou sinais levavam consumidores a agir de forma diferente com certos produtos ou serviços", recorda Oliveira. Essa descoberta o leva a um outro caminho pessoal e profissional: vai fazer psicologia, praticar yoga e meditação tibetana. Mas o que isso tem a ver com o tema? Segundo o próprio Oliveira, tem tudo a ver. "Talvez, se eu ficasse no mercado financeiro, estivesse rico hoje. Do ponto de vista material, quero dizer. Mas não. Respeitei meu sentimento e me dediquei àquilo que realmente sinalizava que me faria mais feliz, completo; àquilo que me encantava e que eu sabia que faria bem". Durante os anos de psicologia ele trabalhou fazendo acompanhamento terapêutico a pacientes de outros psiquiatras e psicólogos já formados e experientes. Isso lhe deu uma enorme bagagem e também uma boa clientela inicial para o consultório. "Quando comecei a atender já tinha a agenda cheia. E graças a Deus é assim até hoje", diz Oliveira. Nesses anos de consultório, ele já viu e ouviu muita coisa, mas explica que, não importa se é um empreendedor ou um executivo, existem alguns pontos recorrentes nos dilemas a ele trazidos:

- medo de perder o emprego ou mesmo de não dar certo como empreendedor;
- a convivência com a crise familiar, o sentimento de "dei certo" mas não vi meus filhos crescerem, perdi minha esposa;

- o sucesso rápido, mudando muito valores e conceitos;
- o uso de drogas, mesmo que seja só o álcool em excesso.

"Muito pacientes que me procuram já estão com sintomas ou mesmo doenças psicossomáticas. Gente com hepatite tipo 2 ou mesmo com cardiopatia avançada," alerta Oliveira.

Ele coloca empreendedores e executivos como "heróis da modernidade". "O número elevado de competências cobradas hoje em dia, a velocidade das coisas, as rápidas mudanças tecnológicas e o tudo mais fazem pensar se somos dotados de superpoderes para suportar tamanha pressão", reforça. Segundo ele, o peso é ainda maior quando estamos fazendo algo de que não gostamos, não acreditamos, ou melhor, para o qual não temos vocação. Não fomos "chamados" na mais profunda interpretação. "Imagine você, meu pai era executivo do setor financeiro. Se ele tivesse insistido, e eu aceito, com toda certeza seria eu a deitar no divã e tomar ansiolíticos", conta Oliveira de forma bem-humorada. Ele cita o tripé clássico de competência: *conhecimento*, que é o saber; *habilidade*, a aplicação do saber; e *atitude*, modo como é aplicada. "Uma habilidade isolada, se não for bem demonstrada, trabalhada, não é uma competência", explica.

Para finalizar, Oliveira ressalta que as escolhas legítimas são aqueles que atendem ao chamado interno, ao despertar de uma vocação. E para isso não tem idade ou momento certo. Acontece! O importante é estar atento e saber lidar com isso.

o que nos falam os astros?

Andréia Modesto

astróloga

Andréia Modesto é uma carioca que adotou São Paulo há muitos anos. Astróloga de formação e de devoção há 22 ano. Publica o *blog* http://astrodestino.blogspot.com. Mora e trabalha na região de Perdizes, bem ao lado do reduto boêmio da cidade que é a Vila Madalena, há mais de 18 anos. Está acostumada a receber diariamente cerca de 10 a 12 pessoas, que a ela recorrem para fazer seu mapa astral e, entre outras coisas, tirarem dúvidas sobre os caminhos profissionais.

Andréia é prática. Não enfeita nem floreia. Muitos clientes tentam até se autoenganar. Mas ela traz o cidadão para o chão firme, doa a quem doer. "Os astros nos dão indicativos, são caminhos. Tudo é científico. Nada de adivinhação. Cabe a cada um escolher por onde seguir. Se seu mapa mostra uma grande tendência a grupos, vida corporativa e tudo mais, por que lutar contra?", prega Andréia.

Para atender a nosso pedido Andréia fez uma análise resumida baseada nos elementos básicos da astrologia: fogo, ar, terra e água.

O elemento fogo

Para ser um empreendedor, é preciso ter a coragem e o desejo de colocar a sua marca original no que faz, se impor. Por isto, o elemento fogo contém todas as qualidades que um bom empreendedor necessita: vaidade pessoal, desejo de vencer e postura positiva diante da vida.

Áries é o signo que se destaca na lista de empreendedores bem-sucedidos. É preciso deixar bem claro que as influências arianas podem aparecer não apenas pela posição do signo solar, mas também pelo signo ascendente, signo ocupado por Marte, planeta regente de Áries. Ou ainda, regência de Áries no Meio-do-Céu e na casa 6, casa das rotinas, cotidiano e trabalho. Áries quer sempre se destacar, exercer sua liderança e, em geral, se diferenciar das outras pessoas. Não existe a palavra *medo* no dicionário dessas pessoas nascidas sob o signo dos guerreiros.

Os outros signos do elemento fogo, Leão e Sagitário, também são extremamente corajosos. Sagitário, como Áries, possui forte intuição que o leva a perseguir seus ideais, sem duvidar que possa atingi-los em pouco tempo. O elemento fogo pode funcionar como um farol para as outras pessoas.

São visionários e jogam-se nas experiências sempre estando à frente das outras pessoas. Lançam produtos, iniciam campanhas, introduzem novos conceitos, criam sem medo de inovar. Fazem!

Dos três signos do elemento fogo, Leão é o mais organizado e cauteloso. Mas é o signo da individualidade que adora ter o seu próprio negócio, colocar o seu nome em letras grandes e brilhantes na fachada. Talvez seja o mais estratégico dos signos do elemento fogo. E, ao mesmo tempo, o mais conservador. Sagitário e Áries não pensam muito antes de agir, sendo movidos pela intuição. Já Leão prefere adiar um pouco as ações mais arriscadas para ter certeza de que o seu reino não sofrerá nenhuma ameaça.

É preciso novamente esclarecer que as influências não são restritas à posição do signo solar. É um conjunto de fatores que leva à escolha profissional. O Meio-do-Céu talvez seja tão importante quanto a posição do signo solar ou a posição do planeta Saturno que muito comumente determina a carreira. Os signos e planetas colocados na casa 2 (recursos e talentos) e na casa 6 (cotidiano e rotinas) também ajudam a definir o tipo de atividade.

Muitas vezes basta Marte, Sol ou Júpiter aparecendo em conjunção com o ascendente para que exista a vontade de exercer total autonomia na vida profissional em vez de trabalhar "para o outro".

O elemento ar

Os signos de Gêmeos, Libra e Aquário pertencem ao elemento ar. Destacam-se pela inteligência rápida, curiosidade e pelo grande poder de comunicação. Gostam de fazer muitas coisas, são hiperativos. É muito comum que tenham dois caminhos profissionais em paralelo.

Publicam livros, ministram palestras e sentem-se atraídos pelo papel do consultor que é livre e dono do seu próprio tempo, podendo criar o seu próprio estilo de trabalhar ou adaptando-se às exigências dos clientes e do mercado.

O potencial intelectual desses signos os leva a procurar expressar pela palavra falada ou escrita os seus pensamentos. Tornam-se grandes escritores ou professores que despertam a criatividade de seus leitores ou alunos.

Um libriano típico pode ser ao mesmo tempo um consultor de RH, um terapeuta e um excelente professor que, em horas vagas, ainda encontra tempo para escrever livros para crianças ou adolescentes. Tradutores, artistas, são os signos que gostam de provar de todos os segmentos e têm efetivamente como contribuir em vários setores.

Obs.: só como curiosidade, o autor é libriano com ascendente em Áries. Deu pra entender.

Gêmeos destaca-se em vendas, pois gosta de funcionar como um elo entre as pessoas. Mas a didática do signo é reconhecida também dentro de uma sala de aula, pois tem a capacidade de escolher as palavras adequadas para transmitir novas ideias.

Dos três signos, Libra é o mais conservador. Mesmo assim, o elemento ar adora novidades, corre atrás do que é vanguarda, adora todo movimento de renovação.

São excelentes relações públicas e sabem criar uma atmosfera perfeita entre todas as pessoas. Sabem ouvir e atender às expectativas de todos.

Preferem a liberdade ao poder que muitas vezes aprisiona e traz responsabilidades e tensões que bloqueiam a criatividade. O elemento ar adora juntar pessoas e por isso pode acabar também tendo cargos dentro de grupos e associações, pois não lhe falta carisma, assim como uma preocupação sincera com as necessidades de todos à sua volta.

Aquário, especialmente, pode sentir-se sufocado em cargos dentro do mundo corporativo. Não suporta ter de se enquadrar em muitas regras e prefere fazer as coisas do seu jeito, normalmente despertando as pessoas para uma nova maneira de abordar a vida.

É preciso sempre frisar que as influências de um determinado elemento podem aparecer no mapa astral de muitas formas diferentes. Urano, planeta regente de Aquário, conjunto ao ascendente, é uma posição que basta para dar a inteligência e necessidade de movimento e liberdade do signo. O Meio do Céu em Libra com Mercúrio, ponto que pode representar sucesso profissional, também cria o desejo de escrever e destacar-se pela produção de novas ideias. A posição de Mercúrio, regente de Gêmeos, é sempre um indicativo do tipo de inteligência que poderá determinar a escolha da carreira. Mas, para entender bem isso, só sendo astróloga ou indo a uma especialista.

O elemento terra

Touro, Virgem e Capricórnio valorizam a segurança. Por serem metódicos e organizados podem preferir o cenário do mundo corporativo, ao menos no início da carreira. Não têm dificuldades em aceitar as hierarquias e por isto costumam construir carreiras de sucesso, pois conseguem estabelecer prioridades e vão passo a passo consolidando histórias de sucesso e reconhecimento por parte de todos. Sabem que a ascensão profissional depende de uma boa dose de paciência e estratégias de curto, médio e longo prazo. Na maturidade profissional, podem descobrir que a tal segurança que procuravam fora, na verdade, pode ser encontrada dentro deles próprios. Então, podem montar suas consultorias com base no conhecimento que foi acumulado durante anos e anos de experiência. É verdade que, para a maioria dessas pessoas, isto só vai ocorrer depois de terem garantido a aposentadoria. Touro, Virgem e Capricórnio gostam de saber em que terreno estão pisando. Não querem sustos, oscilações ou desafios que possam lhes tirar o sono à noite. São grandes trabalhadores, produzindo no cotidiano de trabalho como muitos outros signos não conseguem produzir. Absolutamente focados, deixam-se absorver pelas atividades profissionais e são perfeccionistas em tudo o que realizam. Autocríticos, nem sempre estão satisfeitos com os resultados, mesmo que possam receber prêmios e elogios de todos. Por serem mais conservadores, não se incomodam em "vestir a camisa" com o nome da empresa. Ao contrário, admitem que o "sobrenome" profissional tem um peso a favor do currículo. Mesmo nos tempos em que os executivos se mantêm menos tempo nas empresas, esses signos preferem permanecer ao menos sete anos numa determinada instituição porque querem mostrar ao mercado que são pessoas que se vinculam e que têm credibilidade. Saturno é o planeta que rege Capricórnio. Dentro de qualquer mapa astral, Saturno é com frequência um signo que pode determinar a escolha da carreira, seja com base na vocação ou nas prioridades estabelecidas. Em qualquer mapa astral, se Saturno estiver no Meio-do-Céu, ascendente, casa 2 ou 6, pode ser o indício de que existe o desejo de construir uma carreira sólida, o que só pode acontecer com muita paciência, estratégias, estudos e bons relacionamentos.

Touro, Virgem e Capricórnio percebem a vida profissional como o pilar sobre o qual irão alicerçar suas vidas. Alguns podem exagerar no compromisso com o trabalho e esquecer um pouco da vida pessoal. São cuidadosos com a saúde, pois gostam de se sentir bem para poderem ter boas ideias e a disposição necessária para enfrentar todos os problemas do dia a dia. Dos três signos, Virgem é o mais arrojado, nervoso e versátil. Pode aventurar-se em vendas ou *marketing*. Touro e Capricórnio não raro preferem administração ou finanças. Talvez a maior virtude desses signos seja saber lidar com o tempo. Sabem que não se pode queimar etapas e que é melhor respirar fundo e aguardar o melhor momento para agir ou solicitar a promoção. É comum que recebam prêmios e que a promoção ocorra sem que necessitem pedir por ela.

O elemento água

Já o elemento água, Câncer, Escorpião e Peixes, marca as pessoas sensíveis que podem ter dificuldades em planejar a carreira e comumente optam pelas artes, destacando-se com facilidade por algum talento natural. Água flui e muitas vezes essas pessoas contam com uma boa dose de sorte e nem entendem direito como é que se iniciaram na carreira. Foram reconhecidas e solicitadas pelo público ou incentivadas pelos amigos e acabaram construindo uma carreira sólida. Escorpião é um signo rico em interpretações e algumas pessoas nascidas sob esse signo podem optar por trabalhar com instituições bancárias e lidar direto com o dinheiro. Da mesma forma que alguns cancerianos podem escolher a arquitetura e a decoração, tornando-se os donos dos seus negócios. Com tanta sensibilidade, não é raro que se encaminhem para a área de saúde, onde podem cuidar de outras pessoas. Psicólogos e médicos ou outros profissionais da área médica costumam ter muitos planetas no elemento água. Não se sentem à vontade dentro das grandes empresas porque não gostam de ter a criatividade cerceada. Preferem trabalhar com autonomia, mesmo sofrendo por uma certa falta de organização. Muita organização não combina com criatividade. Acontece que acabam se cercando de outros profissionais ou parentes que tentam fazer o papel de secretária, empresário ou assistente do artista, médico ou modelo. O elemento água talvez seja aquele que mais conhece o significado da palavra vocação. Vocação significa o "Chamado de Deus", uma voz maior do que a própria vontade.

Pode ser a criança que aos cinco anos de idade já mostrava um talento enorme dentro da música ou que já conseguia com os seus desenhos projetar casas e prédios. Algumas vezes confusos e indecisos, acabam seguindo os conselhos de outras pessoas e optam por caminhos que não atendem à sua sensibilidade. Sofrem dentro de serviços públicos ou empresas nas quais se sentem desmerecidos e desmotivados. Precisam do contato com outras pessoas. Nas empresas, a melhor opção seria trabalhar com Recursos Humanos, interagindo com grupos, tentando despertar o que as pessoas têm de melhor para oferecer ao meio profissional. A instabilidade emocional do elemento água muitas vezes prejudica o desenvolvimento na carreira. Se é a marca fundamental dos criativos, pode também atrapalhar o desenvolvimento, pois nem sempre pisam em terra firme. Mas sempre acabam deixando a marca original em tudo o que realizam e muitas vezes são inesquecíveis, referências no segmento em que atuaram. Ou seja, em resumo, para Andréia existem grupos astrais que favorecem mais ou menos as atividades executivas ou as empreendedoras. Mas é preciso sempre olhar o todo e nunca esquecer as características individuais. Incluindo sempre nessa análise o setor, a empresa, a posição e tudo o mais. O ideal é consultar o mapa do indivíduo e dos que estão à sua volta.

e o que dizem os números?

Dayse Novaes

estudiosa dos números

Dayse Novaes é uma estudiosa dos números. Gaúcha, 55 anos, já se diz uma cidadã do mundo. Desde os 16, não mora no Brasil. Por circunstâncias, mudou-se primeiro para a França, residiu em Toulouse. Lá fez seus estudos em Ciências. Depois foi para Montreal, Canadá, onde fez seu mestrado. Hoje fica na ponte aérea entre dois, três países. Sempre pesquisou e trabalhou com números, embora assuma que sua própria vida não tenha sido regida por eles, mas sim por acontecimentos. "Hoje posso interpretar minha vida pelos números, embora não o faça. Se fizer minha numerologia, data de nascimento por exemplo, olhar minhas casas, vou ver que tudo se encaixa. Mas, por alguma razão mágica, nunca aplico a numerologia a mim mesma", afirma Dayse. Segundo ela, numerologia é o estudo das influências e qualidades místicas dos números; cada número ou valor numérico é dotado de uma vibração específica ou essência individual e indicaria tendências de acontecimentos ou de personalidade, apesar de não haver nenhuma evidência científica de que os números apresentem tais propriedades. O filósofo grego Pitágoras é considerado por alguns o pai da numerologia, apesar de não haver relação entre os cálculos dos mapas e o filósofo grego. Na verdade é uma derivação da Gematria, um ramo da Cabala, que utiliza o alfabeto hebraico como base. A numerologia seria então uma adaptação dos princípios da Gematria para o alfabeto romano. Dayse é muito procurado por empresas que querem sua avaliação sobre executivos. "Numerologia e o estudo da grafia são muito comuns nos processo de seleção na França", destaca Dayse.

Um exemplo prático

Ao fazer minha numerologia Dayse destaca: jovialidade, alegria e popularidade nos ambientes que frequenta, estão muito presentes. Uma pessoa dotada de grande talento para se expressar, quer falando, quer escrevendo (espero que os leitores concordem), ou ainda em qualquer área de comunicação, pois possui elevada criatividade. Sabe se fazer admirar, pois está sempre bem informado. De caráter franco e leal, aprecia estar com a família e não se aborrece com facilidade. Possui força de vontade e muita determinação. Segundo Dayse, esse é um só um pequeno exemplo de como a numerologia pode auxiliar pessoas e empresas a encontrarem um melhor casamento. No mundo corporativo, como destaca Dayse, a cada dia mais se fala em "times" e sobre colaboração com foco em resultados. Nesse aspecto a numerologia é muito útil: é possível determinar perfis complementares e montar um time se não perfeito, pelo menos mais equilibrado. Ainda segundo ela, é mais fácil dizer o que há de comum entre os perfis executivo e empreendedor de quem tem sucesso, do que destacar aquilo que os separa. "O empreendedor é um obstinado. Joga para ganhar. O executivo líder, vencedor também o é. Tem foco, arrisca. Geralmente tem uma visão 360 graus, ou seja, está ligado em todos os aspectos do negócio e não só naquilo para o que foi escalado. Existe sim aquele executivo padrão. É fácil encontrar combinações que levam a um profissional correto. Ponto. Nada de mal nisso, porém este nunca seria um empreendedor cujo dia a dia é diverso e surpreendente. Esse talvez fosse o perfil certo para uma bem estruturada empresa multinacional buscando estabilidade", analisa Dayse. Para Dayse, a numerologia não é uma tábua da salvação, mas sem dúvida pode orientar muito o indivíduo, principalmente em relação às suas fraquezas. Sendo assim, façam suas contas e boa sorte. Uma coisa é certa: é vital estarmos atentos à nossa vocação. É possível mudar? Sim, e quantas vezes for necessário. Porém, deve sempre haver a consciência da procura e não só da experimentação.

MATRIZ DEDUTIVA

Pois bem caros leitores, na introdução deste livro me referi a uma certa inquietude que tinha para com relação ao tema proposto. Uma inquietude que ora me encantava e ora me atormentava, há muito tempo: o que é melhor, ser executivo ou empreender? Já tendo eu ocupado diversas posições executivas em empresas nacionais e internacionais e também passado, como neste momento, por algumas experiência empreendedoras, ainda não havia concluído. O que será que mais me encanta: ser um executivo bacana ou um empreendedor de raça?

Resolvi então ir a campo. Foram pouco mais de cinco meses de trabalho árduo. Reuniões com o Conselho Editorial, papos com amigos, consulta a professores e entendidos. Noites mal dormidas ou até não dormidas. O resultado, na minha modesta opinião, é um conteúdo rico. Não porque eu tenha me dedicado a ele ou escrito o livro. Longe disso. Rico porque resume um grande conteúdo, acumulado em anos, por muita gente rica. Rica de espírito e também muito bem-sucedida em suas áreas de atuação e nas suas vidas pessoais. Gente que não importa se, de princípio, no meio da caminhada ou até mesmo mais tardiamente, conseguiu resolver suas dúvidas ou dilemas. Pessoas que foram atrás do que queriam. Conseguiram ser felizes. Produzir, dar dinheiro. Fazer por si e pelo outro. Gente que empreendeu um sonho, ou mesmo que mergulhou de cabeça no mundo corporativo. Não importa! Satisfeitas.

Acho que o grande aprendizado deste trabalho foi que como diria Blaise Pascal: numa grande alma, tudo é grande. Ou mesmo o pensamento de Pierre Corneille que diz: cumpri vosso dever e deixai o resto aos deuses.

Muitas foram as verdades apuradas. E, muitas são as opiniões que combinam. Que se somam, se harmonizam.

Não me recordo do autor da frase, mas alguém já disse que um homem não deve engolir mais crenças do que ele consegue digerir. Sendo assim, acho que cada entrevista, capítulo ou bloco traz pequenos ensinamentos, dicas, instruções que, pouco a pouco, podem ser todos digeridos e colocados em uso.

A influência da família e dos amigos, por exemplo, de uma forma ou de outra apareceu em tintas mais leves ou mais pesadas quase que na totalidade das histórias e das opiniões aqui registradas. Seja ela nos bons exemplos executivos, como o do pai de Dante Iacovone, ou na importância que empreendedores como Arnold Correia dão a esse ponto na hora de contratar um bom colaborador. Ou até mesmo nos bem resolvidos negócios em família, como nos caso dos Amiralian. Além é claro da avaliação de profissionais como Ângela Pêgas.

Saber ouvir o chamado interior também teve um grande peso. Seja na opinião clara e sucinta do publicitário Washington Olivetto, ou na sensibilidade e no misticismo de Luiz Seabra. Ou na visão técnica de Carlos Alberto. Fica bem claro que entender desde cedo a nossa verdadeira vocação ajuda, e muito, tanto na vida pessoal como na profissional. Vocação essa que pessoas como Paulo Castro ou Roberto Cortes tiveram a sorte de entender e desenvolver desde cedo. Vocação que faz de pessoas como eles grandes empreendedores ou executivos. O grande chamado divino. Destino? Quem sabe!

Ser uma pessoa ética e muito responsável permeou todos os capítulos. Seja nas posições de Fabio Barbosa ou mesmo nas de Pedro Passos. No mundo corporativo ou no empreendedor, não importa. Ética e responsabilidade são, e sempre serão, base de sucesso. E também base para uma consciência tranquila. Consciência essa que permite uma visão mais clara da vida e das oportunidades. Que permite ser mais seguro nos passos. Seguro ou, até mesmo, mais preciso, como Salvador Parisi.

Dedicação e persistência também foram palavras recorrentes no vocabulário dessas pessoas que deram e continuam dando muito certo. Ricardo Ferreira e Ronaldo Bianchi, por exemplo, cada um a seu modo, empreendendo ou mesmo numa posição executiva em uma grande organização, entendem e concordam que se dedicar com vontade, com afinco e perseverar nos objetivos é de grande valia.

Crença e valores. Como diz Fabio Barbosa, crer para ver é bem diferente de ver para crer. Jovens empreendedoras como Cláudia Alcântara são movidas pela crença. Uma espécie de religião, devoção. Sentimentos que as levam a fazer o impossível ser possível. E a alcançarem o impossível. Assim como as metas e os objetivos almejados por executivos como João Cox.

Vontade, outra virtude destacada. Fazer com amor, carinho e alegria. Nada traz maiores resultados do que a energia proveniente da união mente e coração. Esse é o mantra de empreendedores, entre outros, como Carlos Amiralian e também de executivos como Cox e Cortes.

Atualização também teve muita audiência. Executivos como Paulo Castro e Ronaldo Bianchi são a prova cabal disso. O hoje já pode estar ultrapassado.

E acima de tudo paixão. Um sentimento que não tem patente. Não tem fronteira, nem mercado-alvo, nem público específico. É só um grande sentimento. Até mais que grande, verdadeiro!

Uma coisa que, com certeza, ficou confirmada nas minhas entrevistas e conversas – e de certa forma é o grande resumo deste livro – é que não há um grande divisor de águas, um abismo intransponível, entre um empreendedor bem-sucedido e um executivo de sucesso. As razões e os motivos que levam ambos a dar certo, vencer, vingar, são praticamente as mesmas.

Outra grande verdade é que deixar de ser executivo para virar empreendedor ou vice-versa não tem hora. E que empreender não é exclusividade do empreendedor, assim como agir de forma executiva, corporativa não é privilégio do executivo. Só é preciso ter coragem e energia interna suficiente para o primeiro passo. Os outros serão mera consequência. Sendo assim, reinvente-se a qualquer momento. Porque, como citei na introdução, o impossível é só uma questão de opinião.

Sucesso! Sejam felizes.

“A confiança prevalece”

Impressão e Acabamento
Bartira
Gráfica
(011) 4393-2911